AF642774

NATALIE KIRCHBAUMER • WANDA GANDERS

365 TAGE SELBST-VERSORGUNG

365 TAGE SELBST-VERSORGUNG

Natalie Kirchbaumer • Wanda Ganders

INHALT

KAPITEL 4

KAPITEL 5

SERVICE

Was bedeutet Selbstversorgung für uns?

Aufgewachsen mit großen Gemüsegärten, fanden wir uns nach dem Studium im Stadtleben zu Hause. In dieser urbanen Welt mit Handtuchgärten hinter dem Haus sehnten wir uns wieder nach mehr Grün und Natur. Uns beschäftigten Fragen wie: Wo kommen die Lebensmittel aus dem Supermarkt eigentlich her? Hält uns dieses Essen wirklich gesund?

Es wurde uns klar, dass wir uns durch Eigenanbau am gesündesten ernähren. Wir suchten nach einem Weg, wie wir ohne eigenen Garten Gemüse und Kräuter selbst anbauen können.

2010 wurde dieser Traum Wirklichkeit. Wir gründeten das Unternehmen meine ernte und bieten mit erfahrenen landwirtschaftlichen Betrieben fertig bepflanzte Gemüsegärten zum Mieten an.

In unseren Mietgärten haben seit unserer Gründung mehr als 75.000 Menschen mit uns gegärtnert. Dabei kommen Alt und Jung, Freunde und Familie zusammen, um sich selbst zu versorgen und ihrer Nahrung beim Wachsen zuzuschauen.

Was wir in all diesen Jahren gelernt und erfahren haben, ist, dass das Gemüsegärtnern mehr ist als bloße Selbstversorgung. Die eigene Ernte macht Körper, Geist und Seele glücklich. Das beginnt schon mit der Bewegung an der frischen Luft, etwa beim Vorbereiten der Beete oder dem Gießen der Pflanzen oder der Beobachtung, wie aus dem kleinen Kürbiskern erst zwei Blättchen und dann Ranken über Ranken sprießen.

Später schließt sich der natürliche Kreislauf, wenn aus den geernteten Früchten nicht nur etwas Leckeres zubereitet, sondern auch Saatgut für die nächste Aussaatrunde gewonnen wird.

Für alle diejenigen, die im eigenen Garten hinter dem Haus, im Kleingarten, auf der Terrasse, auf dem Balkon oder einfach auf der Fensterbank gärtnern wollen, stellen wir auf unserer Webseite www.meine-ernte.de einfache und nachhaltige Produkte, fundiertes Wissen, pfiffige Tipps und kreative DIYs rund um das Thema Selbstversorgung vor.

Denn unsere Vision ist: Jeder Mensch kann sich ein Stück weit selbst versorgen und eigenes Obst, eigene Kräuter und eigenes Gemüse anbauen.
Sei es im Großen mit einem eigenen Garten, aber auch im Kleinen auf dem Balkon oder sogar auf der Fensterbank.

Die Selbstversorgung gibt dir ein gutes Gefühl, die Dinge selbst in die Hand zu nehmen. Du weißt woher deine Nahrung kommt, sparst beim Eigenanbau wertvolle Ressourcen und schonst dabei deinen Geldbeutel.

Wir freuen uns, unsere umfangreiche Praxis in diesem Buch weiterzugeben und alle Menschen bei ihrer ganzjährigen Selbstversorgung – ob im Beet oder auf der Fensterbank – zu unterstützen. Wir begleiten dich dabei Monat für Monat durchs phänologische Gartenjahr, zeigen dir Möglichkeiten, wie du auch ohne Garten täglich Selbstangebautes auf den Teller zaubern kannst, und möchten deine Neugier auf interessante neue sowie altbewährte Selbstversorgerthemen wecken. Mit unseren drei thematischen Beetplänen: Kunterbuntes Einsteigerbeet, das Immersattbeet und dem Asiabeet bist du ready to go für 365 Tage Selbstversorgung aus deinem eigenen Garten.

Auf in das Abenteuer Selbstversorgung!

DIE BASICS

Was brauchst Du für Deinen Selbstversorger-Traum? Gartengeräte und Saatgut, Wissen und Zeit, aber auch einfach Vorfreude auf Dein Lieblingsobst und -gemüse.

Aufbau des Selbstversorgergartens

Ganz gleich, ob du dein persönliches Projekt Selbstversorgung auf dem Balkon, der Terrasse, im eigenen Garten oder einem Mietgarten angehen möchtest, solltest du dir vorab einige Gedanken machen.

Klar kannst Du einfach loslegen, aber es ist besser, Dir über dein Zeitbudget, die Anschaffung einiger Werkzeuge, deine Möglichkeiten zur Bewässerung und die Herkunft deines Saatgutes klar zu werden. Denke auch darüber nach, welches Obst und Gemüse du genau anbauen möchtest. Hast du einige Lieblingsgemüse, die du unbedingt anpflanzen möchtest, dann informiere dich vorab über ihre Wachstumsbedingungen und ihre Bedürfnisse an den Standort. Fruchtgemüse brauchen möglichst viele Sonnenstunden, während Blattgemüse auch mit etwas Schatten zurechtkommen.

DIE LAGE DER GEMÜSEBEETE

Wenn du dich für Beete im Garten entschieden hast, suche den optimalen Standort dafür. Sicher musst du dich ein bisschen nach den Bedingungen vor Ort richten, es gibt aber ein paar Parameter, die du einhalten solltest. Die meisten Gemüse wünschen sich Sonne und Wärme, weshalb sich eine Nord-Süd-Ausrichtung dafür anbietet. Bäume in unmittelbarer Nähe – auch die des Nachbarn –

Für eine reiche Ernte ist neben der Auswahl der Sorten auch der Standort deiner Beete wichtig.

beschatten das Beet und der Laubfall im Herbst ist ebenfalls ungünstig. Du solltest es vermeiden, deine Beete direkt neben Zäunen oder Mauern anzulegen, weil du sie sonst nicht gut pflegen und beernten kannst. Für ein einfaches Gemüsebeet brauchst du etwa 1,20 x 3 Meter, wobei du in der Länge etwas variieren kannst. Achte darauf, dass du das Beet mit der Schubkarre gut erreichst, Wege zu deinem Beet und zwischen den Beeten erleichtern dir die Arbeit. Der Hauptweg in deinem Garten sollte 80 Zentimeter breit sein. Zwischen den Beeten reichen 20 bis 30 Zentimeter.

FRÜHBEETE

Wenn du ein Frühbeet haben möchtest, solltest du es unmittelbar neben deinen Hauptbeeten anlegen. Das ist bequemer, wenn die Setzlinge später vom Frühbeet ins Gemüsebeet umziehen.

KRÄUTERGARTEN

Kräuter zu pflanzen ist äußerst dankbar. Die meisten Kräuter benötigen nährstoffarme Erde, müssen nicht gedüngt werden und brauchen viel Wärme und Sonne, aber wenig Wasser. Ein Rückschnitt von Kräutern fördert ihren Wuchs und die geschnittenen Stängel und Blätter können direkt verwendet oder für Tees und zum Würzen getrocknet werden.

AN WAS MUSS ICH DENKEN?

Was esse ich am liebsten? Wie viel Platz und Zeit habe ich? Möchte ich das Obst und Gemüse am liebsten frisch verzehren oder es auch lagern oder haltbar machen für spätere Monate? Wie sieht es mit einem Gewächshaus, der Haltung von Bienen oder Hühnern aus? Habe ich für all das ausreichend Platz und Zeit?

Die Voranzucht im Frühbeet verschafft deinen Pflanzen einen wichtigen Vorsprung.

In einer Kräuterspirale kannst du durch die verschiedenen Zonen viele unterschiedliche Kräuter anpflanzen.

Die Auswahl an Kräutern ist schier endlos. In einem kleinen Kräutergarten kannst du nach deinen Vorlieben mediterrane Sorten wie Thymian, Salbei, Oregano, Rosmarin und Currykraut nebeneinander ziehen und mit großblättrigeren, feuchtigkeitsbedürftigeren Kräutern ergänzen, etwa mit den unzähligen Minzarten, Melisse und Basilikum. Ein stufenförmiger Aufbau des Kräuterbeetes oder eine klassische Kräuterspirale helfen dir, deinen Kräutergarten nach den Licht-, Wasser- und Nähstoffbedürfnissen zu organisieren. Wenn du dich gegen ein eigenes Kräuterbeet entscheidest, kannst du im Haus auf der Fensterbank, auf dem Balkon oder

der Terrasse Kräuter in Kästen und Kübeln ziehen. Auch das Hochbeet ist ein guter Platz dafür. Klassiker wie Petersilie, Schnittlauch, Dill, Bohnenkraut, Fenchel und Basilikum lassen sich direkt zwischen die Gemüsereihen säen. Nützlich ist es, wenn der Kräutergarten nah am Haus liegt, damit du auch spontan beim Kochen ohne lange Laufwege Kräuter ernten kannst.

OBSTPFLANZUNGEN

Obstbäume gibt es in unterschiedlichen Wuchstypen, die zu verschiedenen Gartengrößen und Bedingungen passen. So kannst du von Halbstammbäumen und Spindelbäumen auch in einem kleinen Garten Äpfel, Birnen oder Quitten ernten. (Von Steinobst gibt es leider keine Zwergsorten.) An Hauswänden oder an Grundstücksgrenzen lässt sich Spalierobst ziehen und ein, zwei Beerensträucher passen in Gärten jeder Größe. Einmal gepflanzt, sind Beerensträucher und Obstbäume pflegeleicht. Sie brauchen wenig Düngergaben und in erster Linie nur einmal pro Jahr einen Rückschnitt. Bedenke auch – selbst wenn du einen großen Garten dein Eigen nennst – wie viel Obst von einer Sorte du tatsächlich essen und verarbeiten möchtest. Hochstämmige Apfelbäume im Garten tragen beispielsweise bei guter Pflege 80–180 Früchte pro Saison. Du kannst sie frisch essen oder je nach Sorte einlagern. Vielleicht möchtest du aber zwei oder mehrere verschiedene Obstsorten im Garten haben. Dann bist du mit kleinen Bäumen besser beraten. Unter Obstbäumen sollten sich wegen der Konkurrenz um Wasser und Nährstoffe keine Beete befinden. Beachte auch, dass die Bäume Schatten werfen. Sie sind deshalb am besten in der Nordhälfte des Gartens aufgehoben.

GEWÄCHSHAUS UND GERÄTESCHUPPEN

Gewächshäuser können freistehen oder direkt an die Hauswand gebaut werden. Letzteres ist besonders in kleinen Gärten sinnvoll. Wenn das Gewächshaus nicht beheizt wird, darf es durchaus weiter entfernt vom Haus im Garten stehen. Der Geräteschuppen sollte sich an einem zentralen Ort im Garten befinden, damit du bei der Gartenarbeit kurze Wege hast. Solltest du ein Gewächshaus haben, bietet es sich an, den Schuppen direkt daneben zu bauen.

KOMPOST

Der Komposthaufen steht am besten so, dass du ihn von zwei Seiten gut erreichen kannst. Halbschattige Standorte auf offenem Boden mit einem halben Meter Abstand zum Nachbargrundstück sind ideal. Denke auch daran, dass Kompost unangenehm riechen kann und Insekten anlockt. Errichte den Haufen deshalb lieber nicht zu nah am Haus oder in der Nähe von Spielgeräten für Kinder.

Obststräucher brauchen wenig Pflege und liefern trotzdem Jahr für Jahr zuverlässig Beeren.

Hühner sind muntere Zeitgenossen im Garten. Mehr über ihre Haltung erfährst du auf Seite 86.

Mit einem Kompost produzierst du deinen eigenen Humus,der für fruchtbare Böden sorgt.

BIENEN

Bienen stehen gern warm und sonnig. Vermeide deshalb Standorte unter Bäumen oder Vordächern oder Hauswänden mit Schattenwurf. Auch wenn Honigbienen nicht aggressiv sind, kann es zu unbeabsichtigten Stichen kommen, falls die Bienen zu nah an Beeten, dem Sandkasten oder der Terrasse untergebracht sind. Erhöhte Standorte für Bienenkästen sind ideal, weil die Bienen dann nicht auf deiner Arbeitshöhe abfliegen.

HÜHNER

Wenn auch Hühner bei dir einziehen sollen, benötigst du noch etwas mehr Platz. Hühner brauchen viel Licht und Auslauf, damit sie gesund bleiben. Rechne pro Huhn mit zehn Quadratmeter Fläche für den Auslauf. Im Stall sollte für jedes Huhn ein Quadratmeter Platz vorhanden sein. Die Fenster des Stalles sollten südlich ausgerichtet sein. Plane den Hühnerstall so, dass er windgeschützt steht. Büsche und Bäume im Bereich des Auslaufes spenden den Tieren im Sommer Schatten.

DER FAKTOR ZEIT

Für einen eigenen Garten im Freiland mit Gemüsebeeten, Beerensträuchern, Kräutern und Obststräuchern brauchst du Zeit. Wenn du dich auf das Projekt Selbstversorgung einlässt, solltest du dir überlegen, wie viel Zeit du investieren kannst und möchtest. Bienen- oder Hühnerhaltung erfordern entsprechend zusätzliche Arbeit. Beginne klein, um dich nicht zu überfordern und in die Gartenarbeit hineinzuwachsen. Du wirst schnell merken, welche Gartenarbeiten dir liegen und gefallen, und welche Bereiche des Gärtnerns ausbaufähig für dich sind.

Was braucht wie viel Zeit?

Plane für ungefähr 90 Quadratmeter Beetfläche, die bei geschickter Pflanzung eine fünfköpfige Familie mit guten zwanzig Gemüsesorten über das Jahr versorgen kann, etwa vier bis sechs Stunden Arbeit in der Woche ein. Diese Arbeitsstunden fallen das gesamte Jahr über an, mit Arbeitsspitzen im Frühjahr und im Herbst. Rechne auch damit, dass du besonders am Anfang deiner Lernkurve mehr Zeit investieren musst. Siehe es aber nicht zu streng. Dein Garten kommt auch mal eine Woche ohne dich aus. Einen Gemüsegarten zu bewirtschaften, beruht ein Stück weit auf Versuch und Irrtum. Wenn du die Arbeit im Garten als gesunde Bewegung an der frischen Luft und aktive Interaktion mit der Natur betrachtest, fühlt sie sich nicht nach Mühe an, sondern nach einem ganzheitlichen Erlebnis für deinen Körper und deine Seele, die manchen Spaziergang und manchen Gang ins Grüne ersetzt. Balkonkästen und Kübel auf der Terrasse lassen sich sehr schön in der Mittagspause im Vorbeigehen gießen und pflegen.

Mit wie viel Ertrag kann ich rechnen?

Wer mit der Selbstversorgung im Gemüsebeet beginnen möchte, fragt sich bei der Planung bald, wie viele Reihen Gemüse er einplanen sollte, damit er mit den Erträgen gut über eine Saison oder gar das Jahr kommt.

GEMÜSEVERBRAUCH UND ERTRAG

Gemüse	Pro Kopf Verbrauch pro Jahr	Zu erwartende Erträge im Garten
Blumenkohl	2 kg	5-8 Köpfe
Brokkoli	2 kg	5,5 kg
Erbsen	1 kg	9 kg Schoten
Kartoffeln	59 kg	12 kg
Kürbisse	2 kg	8-15 Stück
Kopfsalat	7 Stück	15-20 Stück
Lauch	2 kg	25 Stangen
Landgurken	17 Stück	30-40 Stück
Möhren	11 kg	3,6 kg
Paprika	3 kg	4 kg
Spinat	1,5 kg	4,5 kg
Stangen bohnen	15 kg	2 kg pro Reihe à 2-3 m
Tomaten	27 kg	9 kg
Zucchini	1 kg	4 kg
Zwiebeln	8 kg	4 kg

Wie viel Gemüse du tatsächlich pro Saison ernten kannst, ist von vielen Faktoren abhängig. Günstige und ungünstige klimatische Bedingungen eines Jahres, wie die Temperaturen, die Sonnenstunden, Wind und Regen spielen mit Ernteausfällen bedingt durch Schädlingsbefall und Krankheiten zusammen und bestimmen deinen Ernteerfolg. Ernteüberschüsse, die nicht frisch zubereitet werden können, kannst du auf verschiedenem Wege konservieren.
Die folgende Tabelle gibt dir einen kleinen Überblick darüber, mit wie viel Ertrag pro Jahr du für die beliebtesten Gemüse rechnen kannst. Ausgegangen wird dabei von einer Beetreihe zwischen zwei und drei Metern. Des Weiteren ist angegeben, wie hoch der jährliche Verbrauch dieser Gemüse jährlich pro Kopf in Deutschland ist.

Mit guter Planung kannst du deinen eigenen Bedarf an Gemüse leicht selbst decken.

Grundausstattung

Bevor du loslegst mit deinem Selbstversorgergartenprojekt, solltest du dir einen Grundstock an Werkzeugen und kleinen Helfern zulegen. Achte darauf, dass du die beste Qualität kaufst, die du dir leisten kannst.

Gute Werkzeuge sind nicht nur im Baumarkt, sondern oft auch im Discounter erhältlich. Holzgriffe sind nachhaltiger als solche aus Kunststoff, müssen aber regelmäßig gewartet und gepflegt werden. Edelstahl rostet nicht und ist langlebig. Vielleicht kannst du dir das ein oder andere Werkzeug auch mit Gartennachbarn oder der Hausgemeinschaft teilen. Mietgärten stellen oft Werkzeug zur freien Verfügung vor Ort.

HACKE /KOMBIGERÄT

Eine Hacke benötigst du, um deinen Boden regelmäßig zu lockern, ohne deine Pflanzen oder deren Wurzel in engen Reihen zu beschädigen. Kombigeräte haben ein gezahntes Blatt auf der einen und Zinken auf der anderen Seite. Das ist praktisch, weil du dann mit ein- und demselben Gerät Hacken, Jäten, Rillen ziehen und die Erde festklopfen kannst. Im Handel findest du auch Teleskopstangen, die sich auf deine individuelle Körpergröße einstellen lassen.

Ein Werkzeug – viele Funktionen: Die Kombihacke hilft dir beim Jäten und Kultivieren des Bodens.

Gießkanne und Handschaufel

Gartenschere

Rechen

SPATEN

Damit beginnt das Abenteuer Selbstversorgung. Ihn brauchst du zum Umgraben und Anlegen deiner Beete. Rechteckige oder runde eignen sich für homogene Böden ohne Steine und andere Fremdkörper. Für Böden, die eine intensivere Bearbeitung erfordern, nimmst du spitz zulaufende oder dreieckige Spaten. Die Blätter sollten von dir einmal im Jahr nachgeschärft werden. Eine gute Arbeit für den Herbst/Winter.

RECHEN

Die kammartigen Zinken dienen dem Zusammenziehen von Laub, Grasschnitt oder anderen lockeren Gartenabfällen. Du kannst damit auch Furchen für dein Saatgut ziehen.

GARTENSCHERE

Sie hat kurze gebogene Schnittflächen an einem kurzen Griff zum Schneiden von Zweigen, Beerenruten und zum Ernten von Gemüse. Durch einen Federmechanismus kann die Schere mit einer Hand bedient werden. So kannst du das Schnittgut mit der anderen Hand halten und händeln.

GRABEGABEL

Eine Grabegabel ist nicht nur nützlich zur Auflockerung und zum Umgraben des Bodens, du benötigst sie auch zur Ernte von Kartoffeln und Topinambur. Grabegabeln sind in unterschiedlichen Größen erhältlich, manchmal findet man auch welche mit Teleskopstielen zur Anpassung an deine Körpergröße.

GIESSKANNE

Gießkannen bekommst du von ganz kleinen Modellen für Balkon- und Kübelpflanzen über Modelle für den Garten von fünf bis zehn Litern Fassungsvermögen. Plastikfreie Modelle aus Stahl bringen zusätzlich ein beträchtliches Eigengewicht mit sich. Wenn du eine Gießkanne kaufst, achte darauf, dass du ein Modell wählst, das du auch gefüllt gut tragen kannst. Die Regentülle der Gießkanne sollte abnehmbar sein.

Praktische Helfer

Jäten, Hacken, Buddeln, Jungpflanzen versetzen:
Für all diese kleinteiligen Gartenarbeiten gibt es praktische Helfer, die dir die Arbeit leichter machen.

JÄTEHILFE

Jätehilfen gibt es in vielen unterschiedlichen Ausführungen. Das Prinzip ist dabei ähnlich für alle. Ein kurzer Handgriff, an dem vorn eine kleine Hacke, ein gezähntes Blatt oder ähnliches angebracht ist, dient dem Entwurzeln und Entfernen des Unkrautes. Solche Werkzeuge sind auch zweiseitig erhältlich, mit einer kurzen Grabegabel auf der einen und einem geschlossenen Blatt auf der anderen Seite. Andere bewährte Produkte sind Jätefäuste, bei denen an beiden Seiten eines in der Hand liegenden Griffes stabile Bügel aus Draht angebracht sind. Ein schmaler Bügel eignet sich dabei für das Arbeiten zwischen den Pflanzen und Reihen, die breitere Seite kann effektiv im gesamten Beet eingesetzt werden.

HANDSCHUHE

Gartenhandschuhe sind an den Handflächen mit einer Gummischicht überzogen. Umweltfreundlicher sind Modelle mit Naturkautschukbeschichtung aus nachhaltiger Waldwirtschaft. Mit Hand-

Jätehilfen mit Stiel machen das Jäten rückenfreundlich und du musst die Beete nicht betreten.

Eine Handschaufel hilft dir zum Beispiel beim Ausheben von kleinen Pflanzlöchern.

Am besten sind nachhaltige Pflanztöpfe, die kompostierbar und aus recycelten Rohstoffen sind.

schuhen kannst du schneller und effektiver arbeiten, weil sie deine Hände vor Schmutz, Verletzungen durch Dornen, Steine und ähnlichem schützen. Es gibt sie in verschiedenen Größen, damit sie bei der Arbeit richtig sitzen.

MASSBAND/ZOLLSTOCK

Zum Abmessen der Beete oder auch beim heimischen Kürbiswettbewerb ist ein Zollstock oder ein aufrollbares Maßband dienlich.

SCHERE UND SCHNUR

Ranken festbinden, Obstbäume am Baumpfahl sichern, Beete abstecken und anderes mehr erfordern eine Schere und eine Schnur. Letztere ist am besten aus einem natürlichen Material wie Kokos oder Hanf gefertigt. Das ist einerseits gut für die Umwelt, andererseits sind Naturfasern auch schonender zu deinen Pflanzen.

HANDSCHAUFEL

Die Handschaufel mit kurzem Griff und rundem oder spitzen Blatt nutzt du, um Pflanzlöcher auszuheben. Achte auch bei der Handschaufel auf gute Qualität, weil du sie oft benutzen wirst. Geschmiedete Modelle verbiegen nicht beim Graben. Wenn du dich für einen Holzgriff entscheidest, vergiss nicht, diesen regelmäßig mit Öl oder einem Holzschutzmittel zu pflegen.

EIMER

Zum Nüssesammeln, Kiesschleppen, Steineaufsammeln, Unkrautwegwerfen und allerlei andere Transport- und Aufbewahrungsjobs brauchst du im Garten einen oder mehrere Eimer. Plastikeimer aus dem Baumarkt halten meist nicht lang und tragen am Ende nur dazu bei, dass die Plastikmüllberge wachsen. Da lohnt es sich auf jeden Fall, in verzinkte Blecheimer zu investieren, die nahezu ewig halten.

ANZUCHTTÖPFE

Pflanztrays oder einzelne Anzuchttöpfe dienen als Kinderstube für deine Gemüse- oder Erdbeerpflanzen. Da hinein säst du im Haus all deine Samen. So kannst du jedem Pflänzchen einen eigenen Topf geben und musst später nicht die empfindlichen Wurzeln trennen. Wenn die Pflanzen größer geworden sind, siedeln sie in den nächstgrößeren Anzuchtbehälter um oder ziehen direkt ins Beet oder einen anderen Bestimmungsort.

NETZ/VLIES

Feinmaschige Netze und dünne Vliese schützen deine Kulturen vor allen Angriffen durch Vögel oder Schadinsekten. Auch raue Witterung wird durch sie abgewehrt. Du kannst sie locker über deine Pflanzungen legen und mit Steinen oder Schnüren befestigen.

Bewässerung

Wasser ist Pflanzenleben. Gemüse, Kräuter, Obst und Beeren brauchen stetige Wassergaben – und das nicht nur in den trockenen Sommermonaten. Es bieten sich dir für die Bewässerung verschiedene Möglichkeiten, die sich nach deinen Bedürfnissen und Vorbedingungen richten und die sich gegebenenfalls im Lauf der Zeit nachrüsten lassen.

Die Bewässerung ist zunächst mit dem Gartenschlauch und dem Wasser aus der Leitung möglich. Besser ist es, mit Regenwasser zu gießen, denn Gemüsepflanzen sind auf kalkarme, chlorfreie und pH-neutrale Regengüsse von oben eingestellt. In Anbetracht des Klimawandels und den damit verbundenen trockeneren Sommern ist es außerdem besser, weniger Grundwasser zu verbrauchen. Du kannst das mithilfe von Regentonnen tun. Diese in schlichten oder dekorativen Designs erhältlichen Kunststoffbehälter werden an das Fallrohr der Regenrinne des Hauses angeschlossen. Du kannst auch mehrere kleine Regentonnen mittels eines Verbindungsstückes miteinander verbinden. Noch mehr Regenwasser lässt sich in einer Zisterne auffangen. Zisternen sind unterirdische oder mit einem Deckel verschlossene Wasserspeicher, die in regenreichen Zeiten viel Wasser aufnehmen, welches du, wenn es gebraucht wird, entnehmen kannst. Zisternen kennen wir vorwiegend aus südlichen Ländern, aber auch bei uns wird es mit den zunehmend längeren, wärmeren und trockeneren Sommern nötig, dass wir reich-

Mit einer Regentonne sammelst du Regenwasser und sparst beim Gießen Leitungswasser.

lich Regenwasser aus regenreicheren Wochen für trockenere Zeiten sammeln. Das Wasser aus der Zisterne oder aus Regentonnen kannst du mit einer Gießkanne verteilen. Einfacher geht es natürlich, wenn du eine spezielle Pumpe an diese Behälter anschließt.

Ist der Boden komplett trocken, nimmt er Wasser schlechter auf.

WER BRAUCHT WIE VIEL?

Erhöhten Wasserbedarf haben Pflanzen im Erst- und Vollfrühling, wenn sie beginnen, Knospen und Früchte auszubilden. Außerdem brauchen Pflanzen auch im Hochsommer mehr Wasser. Fruchtgemüsepflanzen solltest du nach der Bildung der Fruchtansätze regelmäßig gießen, damit die Früchte nicht reißen oder platzen.

Hochbeete und Balkon- und Kübelpflanzen haben höhere Ansprüche an die Bewässerung als Beetkulturen im Freiland. Einerseits trocknen die kleineren Flächen dieser Pflanzungen schneller aus, andererseits stehen sie auf Balkons oder der Terrasse oft überdacht und werden nicht vom Regen gegossen.

Die meisten Kräuter benötigen nur wenig Wasser. Eine etagenförmige Pflanzung, etwa in Form einer Kräuterspirale mit Pflanzzonen, kommt den unterschiedlichen Wasserbedürfnissen der verschiedenen Kräuter entgegen.

Obstbäume müssen nur selten gegossen werden. Ihre Wurzeln reichen tief genug, um aus den Grundwasservorräten schöpfen zu können. In heißen Sommern mit lang anhaltender Trockenheit tut aber auch ihnen eine Wassergabe gut. Baumbewässerungsbeutel, die um den Stamm gelegt und mit Wasser befüllt werden, das nach und nach in den Boden abgegeben wird, erleichtern dir hier die Arbeit.

Wasser auf den Blättern kann bei deinen Pflanzen zu Verbrennungen führen.

LOHNT SICH EINE ZISTERNE?

Der hohe Anschaffungspreis einer Zisterne amortisiert sich durch die Einsparung von Leitungswasser schon nach einigen Jahren. In manchen Bundesländern erhält man für den Einbau einer Zisterne sogar einen Zuschuss.

DREI GOLDENE REGELN ZUR BEWÄSSERUNG

1. Gieße lieber seltener, aber dafür reichlich. So erzogene Pflanzen bilden tiefere Wurzeln aus und können sich später besser selbst mit Feuchtigkeit aus den tieferen Erdschichten versorgen.
2. Gieße nicht die Pflanze, sondern die Erde.

Die Lupenwirkung des Wassers kann bei Sonneneinstrahlung zu Verbrennungen auf den Blättern führen. Außerdem begünstigt Feuchtigkeit zwischen den Pflanzen die Ausbreitung von Pilz- und Viruserkrankungen. Gieße deshalb immer nah in den Wurzelbereich und beregne nicht die ganze Pflanze.
3. Gieße in den frühen Morgenstunden.
In den kühlen Morgenstunden kann das Gießwasser gut einsickern und die Pflanze sich für den kommenden Tag auftanken.

GIESSHILFEN

Gießstäbe, die an den Gartenschlauch montiert werden können, erleichtern deinem Rücken die Arbeit. Es lohnt sich auch, Tropfschläuche zwischen den Gemüsereihen zu verlegen. Solche Schlauchsysteme lassen sich heute auch per App steuern, zum Beispiel vom Urlaub aus.
Aber es muss nicht immer Hightech sein. Im Handel sind Tonkegel erhältlich, die mit PET-Flaschen verbunden werden. Oder du nutzt spezielle, saugfähige und kompostierbare Gewebestreifen, die der Erde beigemengt werden. Und es gibt als Gießhilfe auch sogenannte Ollas.

DIY Olla

Amphoren aus ungebranntem Ton wurden schon im antiken Griechenland zur Bewässerung von Pflanzkulturen eingesetzt. Die sogenannten Ollas werden auch heute noch im Garten verwendet, um Pflanzkulturen wurzelnah effektiv zu bewässern. Dafür werden spezielle Tonflaschen mit hohem engen Hals tief in den Boden eingegraben und regelmäßig mit Wasser befüllt. Durch die poröse Struktur des Tons wird das Wasser nach und nach an den trockenen Erdboden abgegeben. Wenn der Boden feucht genug ist, stoppt die Diffusion des Wassers. Damit wird der Boden immer genau dann durchfeuchtet, wenn es nötig ist. Das spart Wasser und Zeit. Ollas können im Handel erworben, aber sehr leicht selbst gemacht werden.
Nimm hierzu zwei gleich große, einfache Pflanztöpfe aus Ton. Klebe die Töpfe an den oberen Rändern mit wasserfestem Kleber aneinander, sodass ein großes Gefäß mit je einem Loch an jeder Seite entsteht. Das eine, untere Loch musst du nun mit einer Tonscherbe verschließen. Verwende hierzu als Kleber einfache Spachtelmasse aus dem Baumarkt. Jetzt kannst du deine Olla im Garten vergaben. Wähle dafür einen Platz neben der Pflanze, dem Strauch oder zwischen Beetreihen. Aus dem Boden schauen sollte nur der obere Rand des Blumentopfes mit dem Loch. Die Olla kann jetzt mit der Kanne oder dem Schlauch befüllt werden. Decke das Loch danach mit einem Tondeckelchen oder einem Teller ab, damit keine Insekten im Wasser verunglücken. Achtung: Die Tontöpfe müssen auf jeden Fall unglasiert sein.

Ollas sind wirklich genial – sie geben deinen Pflanzen so viel Wasser, wie sie brauchen.

Saatgut

Als angehende Selbstversorgerin machst du dir vielleicht schon zu Beginn des Gärtnerns Gedanken darüber, woher das Saatgut stammt, aus dem später all die Köstlichkeiten gedeihen, die am Ende auf deinem Teller landen.

Du hast die Wahl zwischen Bio-Saatgut oder konventionellem Saatgut. Bio-Saatguthersteller setzen schon bei den Mutterpflanzen, aus denen das Saatgut gewonnen wird, auf Fruchtfolge, Mischkultur, den Einsatz pflanzlicher Dünger, die manuelle Schädlingsbekämpfung und den Einsatz von Nützlingen, sowie auf das manuelle Jäten von Unkraut. Auf die Nutzung von Kunstdünger, Pestiziden und Gentechnik wird verzichtet. Neben der geringeren Umweltbelastung sind Samen aus Bioanbau oft widerstandsfähiger, weil sie Zeit hatten, sich über mehrere Pflanzengenerationen hinweg an regionalspezifische Schädlinge und Klimabedingungen anzupassen. Es lohnt sich also durchaus, ein wenig mehr Geld für das teurere Bio-Saatgut ausgeben.

HYBRIDSAATGUT

Mit der Verwendung von Bio-Saatgut sparst du aber auch Geld für die nächste Aussaatsaison, denn du kannst die Samen gewinnen und wieder aussäen. Du solltest dann darauf achten, dass du Bio-Saatgut und Biosetzlinge gepflanzt hast. Konventionelles Obst und Gemüse ist so gezüchtet,

Saatgut gut, alles gut! Probiere dich durch deine Lieblingsgemüse und notiere bewährte Sorten fürs nächste Mal.

Welche Vielfalt an Sorten es gibt, siehst du an dieser bunten Tomatenernte.

dass seine essbaren Teile möglichst effektiv und für den Kunden gleichförmig sind. Das Saatgut solcher Pflanzen ist aber schon nach der zweiten Pflanzengeneration nicht mehr zu verwenden. Man nennt solches Saatgut Hybridsaatgut, meist steht auf der Packung »F1-Hybride«. Bio-Saatgut hingegen ist samenfest und lässt sich immer weiter vermehren.

UND WAS IST MIT GENTECHNIK?

Gentechnik ist auch in der Landwirtschaft ein umstrittenes Thema. Mögliche Resistenzen und die Entwicklung von Erbkrankheiten als unerwünschte negative Nebenwirkung und der Verlust an Artenreichtum können die Folgen der Gentechnik sein. Aber nicht jedes konventionelle Saatgut ist gentechnisch verändert. Gentechnisch veränderte Organismen, also auch Saatgut, müssen in der EU zugelassen und gekennzeichnet werden, bevor sie auf den Markt kommen. Du findest im Handel entsprechende Hinweise auf den Samentüten.

SAATGUT IST KULTURGUT

Unsere Natur lebt von der Artenvielfalt und der Vielfältigkeit der Zusammenhänge zwischen den Arten. Durch den industriellen Anbau von Nutzpflanzen wurden innerhalb eines Jahrhunderts mehr als drei Viertel der traditionellen Kultursorten durch Neuzüchtungen verdrängt. Mit der Abnahme der ursprünglichen Sorten-Diversität geht uns zusätzlich wichtiges Kulturgut verloren. Geschmackliche Vielfalt und Formenreichtum verarmen zugunsten von Produktivität, technischer Effizienz und finanziellen Vorteilen der Hersteller.

Violette Möhren, Erdbeerspinat, runde Zucchini, Stängelkohl, weiße Erdbeeren, Winterheckenzwiebel und herzförmig geformte Tomaten: Beim selbstversorgenden Gärtnern alte Sorten zu entdecken und damit ihre Formenvielfalt und komplexe Aromen zu erkunden sowie die genetische Vielfalt der Arten auf der Erde zu erhalten, kann eine tief befriedigende Erfahrung sein.

JUNGES GEMÜSE IST SO ALT WIE ES SICH FÜHLT

Wenn es um das Thema Sortenvielfalt geht, ist häufig von alten Sorten die Rede. Damit sind einerseits historische Sorten, die in der jüngeren Vergangenheit gezüchtet und angebaut wurden gemeint und andererseits solche, die vor der Entdeckung Amerikas und dessen Pflanzenwelt nach Europa kamen. Pastinaken, Mangold, Erdbeerspinat oder die Mairübe zählen demnach zu solchen heimischen Sorten. Kartoffeln, Bohnen, Tomaten oder Kürbisse sind es nicht.

Es sind ursprünglichere oder einfach Unterarten der auch noch heute von uns angebauten Gemüse. Auch solche althergebrachten Sorten sind durch den industriellen Anbau fast in Vergessenheit geraten oder nicht mehr auf dem Markt erhältlich.

Alte oder historische Sorten anzubauen und sich so mit der Vergangenheit zu verbinden, hat einen ganz eigenen Reiz und es lohnt sich, auch hier die Vielfalt von Farben, Formen und Aromen für dich zu entdecken.

WAS KANN ICH ANBAUEN

Von Kartoffeln über Kohl für eine sättigende Grundversorgung, Naschgemüse für die Lunchbox, bunte Beeren und Baumobst für Kompott und Kuchen, delikate Pilze oder grüne duftende Heil- und Küchenkräuter - Du kannst das ganze Jahr über aus dem Vorrat der Natur schöpfen.

Knollen, Blätter, Blüten, Stängel, Wurzeln - Die unendliche Vielfalt des Gemüses

Gemüse gibt es unzähligen Formen, Farben, Größen und Geschmacksrichtungen. Mal rankend oder kletternd, mal am Boden kriechend, wärmeliebend oder frosthart, sandig oder mehlig ist für jeden etwas dabei. Eins steht fest: Der Pro-Kopf-Konsum ist in den letzten Jahren deutlich auf über 100 kg pro Person pro Jahr gestiegen.

Gemüsepflanzen sind in der Regel einjährig oder seltener zweijährig. Egal, ob du dich vegan, vegetarisch oder inklusive tierischer Produkte und Fleisch ernährst: Gemüse bildet die Grundlage einer gesunden Ernährung und versorgt uns mit Vitaminen, Eiweißen, Kohlenhydraten, Mineralstoffen, Ballaststoffen und Spurenelementen. Außerdem enthält Gemüse sogenannte sekundäre Pflanzenstoffe. Das sind Stoffe, die für die Pflanze nicht unbedingt lebensnotwendig sind, aber einen unmittelbaren, speziellen Nutzen für sie haben, etwa den Schutz vor UV Licht, Schädlingen, Pflanzenviren und Pilzen oder die Festigung des Zellgewebes. Solche sekundäre Pflanzenstoffe haben auch auf unsere Gesundheit einen ähnlichen, positiven Einfluss.
Die pflanzliche Ernährung ist in den letzten Jahren mehr und mehr aus ihrem Nischendasein ins Rampenlicht gerückt und auch Sterneköche warten mit einer Bandbreite an kulinarischen pflanzlichen Gerichten auf. Gemüse, das aus fernen Ländern importiert wird, ist oft in Plastik verpackt, hat einen hohen Wasserverbrauch und eine negative Co_2-Bilanz auf dem Buckel. Ein guter Grund, um

Mangold ist ein hervorragendes Anfängergemüse, von dem du auch im Winter ernten kannst.

Gemüse selbst anzubauen und sich damit gesund selbst zu versorgen.
Der botanische Hauptunterschied von Gemüse zu Obst besteht darin, dass Gemüsepflanzen meist einjährig sind. Beim Obst verzehren wir also Früchte, die an mehrjährigen Pflanzen, meist Gehölzen, wachsen. Die Mutterpflanze selbst bleibt erhalten und trägt im nächsten Jahr erneut Früchte.
Man unterscheidet, je nachdem welche Teile der Pflanze hauptsächlich verzehrt werden:

Nicht schwer zu pflanzen und schnell erntereif: Möhren eignen sich als Dauer- oder Zwischenkultur.

BLATTGEMÜSE

Dazu zählen Chicorée, Endivie, Feldsalat, Kopfsalat und andere Salatsorten, sowie Rucola und Spinat. Auch die Blätter von Wurzelgemüsen wie Rote Bete, Möhren, Karotten, Radieschen, Rettich, Kohlrabi oder Sellerie sind essbar und ausgesprochen vitaminreich. Blattgemüse haben meist einen zarten, feinen Geschmack, der Rohkostgerichte, Salate und grüne Smoothies bereichert. Auch die gesunden grünen Smoothies werden mit Blattgemüse zubereitet. Die Gemüseblätter enthalten wenig Kalorien und kein Fett, dafür aber wertvolle Mineralien und Vitamine. Chlorophyll, der gesundheitsförderliche grüne Blattfarbstoff, ist in grünen Blattgemüsen reich enthalten. Chlorophyll regt die Blutbildung an, wirkt zellschützend und unterstützt die Verwertung von Eisen.

Kürbisse brauchen im Garten viel Platz, sind aber ertragreich und dekorativ.

BLÜTENGEMÜSE

Die eher kleine Gruppe der Blütengemüse umfasst alle Gemüse, deren Blüten, Blütenstände oder Knospen essbar sind. Essbare Gemüseblüten sind die der Artischocken, Kürbis- und Zucchiniblüten, aber auch Kapern, Blumenkohl, Romanesco und Brokkoli. Gemüseblüten sind reich an Kalzium, Karotin, Eisen, Kalium und Magnesium. Auch viele wilde Distelarten sind essbar. Bei der Wildsammlung empfiehlt sich aber, ein Bestimmungsbuch mitzunehmen, da einige Arten leicht giftig sein können.

FRUCHTGEMÜSE

Als Fruchtgemüse gelten die Früchte von Gemüsepflanzen, die als Gemüsegerichte zubereitet auf den Tisch kommen. Das sind Auberginen, Avocados, Tomaten, Paprika und Chilis, Zucchini und Kürbisse. Fruchtgemüse stammen meist aus wärmeren Klimazonen. Sie werden bei uns im Sommer im Freiland oder im Treibhaus kultiviert. Fruchtgemüse enthalten eine ganze Palette an Vitaminen, Spurenelementen, lebenswichtigen Aminosäuren und gesundheitsförderlichen Pflanzenfarbstoffen.

KOHLGEMÜSE

Die Welt der Kohlgemüse ist bunt. Schneeweißer Blumenkohl, grüne Brokkolisträuße, Romanesco

Kohlrabi ist ein unkompliziertes, schnell wachsendes Kohlgemüse und kann auch im Winter geerntet werden.

mit seinen faszinierenden Strukturen, lockerer Chinakohl, deftiger Grünkohl, delikater Palmkohl, exotischer Pak Choi, Rosenkohl mit kleinen Kohlknollen und traditioneller Weißkohl – gemeinsam ist allen Kohlarten ihr leicht scharfer Geschmack, der durch Senföle verursacht wird, die Freie Radikale binden und so vor Zellalterung und Zellschäden schützen. Kohlarten gedeihen auf nährstoffreichen, feuchten Böden nahezu mühelos. Bei geschicktem Anbau kannst du fast das ganze Jahr über selbst angebauten Kohl auf dem Tisch haben.

KNOLLENGEMÜSE

Diese Gemüsesorten speichern in einem verdickten Hauptspross unterirdisch Energie in Form von Stärke für ihr Wachstum. Knollengemüse sind echte Sattmacher, weil sie Kohlenhydrate und Ballaststoffe liefern. Knollensellerie, verschiedene Rübenarten, Kohlrabi, Ingwer und Topinambur sind bekannte Vertreter. Fast alle diese Sorten sind dankbar im Anbau und äußerst ertragreich.

SPROSSENGEMÜSE

Die jungen Austriebe von essbaren Pflanzen können aus vielen verschiedenen Samen gezogen werden, darunter Alfalfabohnen, Bockshornklee, Kresse, Radieschen, Buchweizen, Quinoa, Bambus, vielen Kohlsorten oder Getreidearten. Sprossen kannst du ganzjährig und unabhängig von Wind und Wetter auf der Küchenfensterbank ziehen. Damit sind sie besonders gut geeignet, um deine Selbstversorgung im Winter zu ergänzen.

WURZELGEMÜSE

Die heimischen Pastinaken, Karotten und Petersilienwurzeln, sowie Kartoffeln, Schwarzwurzeln und Steckrüben zählen zu den Wurzelgemüsen. Die Wurzeln des Löwenzahns oder der Wilden Möhre können ebenfalls gegessen werden und bieten sich für eine Wildsammlung an. Wurzelgemüse enthalten Ballaststoffe, Mineralstoffe, sowie die Vitamine B1 und Vitamin C. Zusammen mit den Knollengemüsen bildet diese Gruppe die Basis für eine pflanzliche Ernährung. Es lohnt sich deshalb, einen Großteil der Gartenfläche dafür zu reservieren.

ZWIEBELGEMÜSE

Zwiebelgemüse geben jeder Mahlzeit – ob roh oder gekocht – Würze. Der Zwiebelanbau gelingt auch Gartenanfängern spielend leicht. Zwiebeln kannst du entweder im Haus aus Samen vorziehen oder im Handel erhältliche Steckzwiebeln in lockeren, humosen Gartenboden setzen. Ein Ernteüberschuss wird gebündelt und hält sich in der Speisekammer lange.

LAUCHGEMÜSE

Ackerlauch, Bärlauch, Lauchzwiebeln und Porree sind eng mit den Zwiebeln verwandt. Von ihnen essen wir die Schäfte oder Blätter der Pflanze. Sie sind anspruchslos und gelingsicher.

HÜLSENFRÜCHTE

Diese Gemüsegattung gilt wegen ihrer pflanzlichen Proteine als vielseitiger Fleischersatz. Dabei enthalten sie viele Mineralstoffe und wenig Fett. Ihre hübschen weißen bis dunkelvioletten Schmetterlingsblüten locken viele Fluginsekten in den Garten. Für den anfängerfreundlichen Anbau eignen sich besonders Buschbohnen, Stangenbohnen, Dicke Bohnen und Erbsen. Die in den Hülsen enthatenen Samen von Hülsenfrüchten werden auch getrocknet aufbewahrt.

Pilze - die guten Boten aus der Unterwelt

Pilze bilden in der Pflanzenwelt ein ganz eigenes Reich. Weil sie keine Fotosynthese betreiben, müssen sie ihre Nährstoffe aus organischer Substanz unter Einsatz von Enzymen gewinnen. Mit dieser Eigenschaft stehen sie biologisch den Tieren näher als den Pflanzen.

Pilze bilden keine Stärke wie die Pflanzen, sondern wie tierische Organismen das Glykogen. Dieser nachhaltig sättigende Mehrfachzucker hilft dem Körper im Wortsinn auf die Sprünge, denn er unterstützt die Muskeln, das Gehirn und den Bewegungsapparat.
Im Freiland gewachsene Pilze enthalten reichlich Vitamin D für ein gesundes Immunsystem. Wenn du zu den engagierten Pilzsammlern gehörst, tust du dir damit auf jeden Fall etwas Gutes.
Ein langer Spaziergang im Wald ist aber nicht unbedingt nötig, um eine leckere Pilzmahlzeit auf den Tisch zu bringen. Im Handel sind Fertigpilzkultursets erhältlich, mit denen du im Haus oder im Garten in einem speziellen Substrat mit wenig Aufwand Pilze ziehen kannst. Shiitake, Champignons, Austernpilze, Pioppioni, Kräuterseitlinge und Limonenpilze kommen so immer wieder frisch in deine Pfanne. Solche Kulturen sind überaus pflegeleicht und müssen lediglich regelmäßig feucht gehalten werden. Je nach Sorte kann ein Pilzzuchtset dich mit mehreren Erntewellen versorgen, sodass du über 1 kg Pilze ernten kannst.

Pilze kannst du leicht im Garten anbauen.
Mehr zu diesem Thema findest du auf Seite 152.

Obst und Beeren – Bunter Nachtisch aus dem Garten

Interessant ist die Herkunft des Wortes Obst. Im Althochdeutschen bedeutete »Ob-az« in etwa »Essen, das über das Essen hinaus geht«. So sind Früchte als Süßigkeiten der Natur das gewisse Extra im Speiseplan.

Obst entsteht immer aus den Blüten einer Pflanze, aber im Gegensatz zu Gemüsen kann eine Obstpflanze mehrere Jahre alt werden. Obst umfasst Obstbäume genauso wie Beerensträucher. Es gibt nichts Schöneres, als bei einem Gang durch den Garten frische Himbeeren, einen Apfel oder eine Handvoll Kirschen zu ernten. Obst lässt sich aber nicht nur frisch verzehren, sondern auch zu Saft oder Marmelade verarbeiten, trocknen, dörren oder einkochen. So steht immer ein Stück Sommer in der Speisekammer und macht deine Mahlzeiten auch in den kargeren Jahreszeiten bunt und gesund, denn Früchte enthalten viele Mineralstoffe und Vitamine. Wenn Obstbäume und Obststräucher einmal gesetzt sind, erfreuen sie dich viele Jahre unter wenig Pflegeaufwand mit ihren leckeren Früchten.

OBSTBÄUME

Ein leuchtender, Früchte tragender Obstbaum ist der Sommertraum schlechthin. Er spendet neben saftigen Leckereien an langen Sommertagen Schatten und eine Aufhängung für deine Hänge-

Der Bund fürs Leben: Obstbäume sind eine langfristige Investition in deinem Garten, die sich auf jeden Fall auszahlt.

matte oder Schaukel. Wer keinen eigenen Garten hat, muss aber keineswegs auf köstliche Kirschen, Pflaumen, Äpfel, Birnen, Mirabellen oder gar Feigen und Kiwis verzichten.

Welche Obstbäume eignen sich?
Obstbäume sind in vielen Größen und Wuchsformen erhältlich. Die klassischen Hochstämme benötigen mehr Platz als schmales Spalierobst, das an stabilen Gerüsten in Form geleitet wird. Spindelbäume sind Obstbäume, die so erzogen werden, dass vom Hauptstamm spindelförmig Äste abstehen. Sie wachsen niedrig und sind ein guter Kompromiss aus Höhe und Ertrag. Hochstämme können ein stolzes Lebensalter von sechzig bis siebzig Jahren erreichen, während kleinere Sorten und Wuchsformen durchschnittlich fünfzehn Jahre gute Erträge liefern.

KERNOBST

Kernobst gehört zu den beliebtesten Obstgattungen, insbesondere deshalb, weil es lange lagerfähig ist. Es handelt sich beim Kernobst meist um die Früchte von Rosengewächsen, was du auch gut an den Blüten erkennen kannst. In den Früchten liegt in einem elastischen Kerngehäuse dabei die Saat des Baumes. Äpfel, Birnen, Quitten, Speierling, Ebereschen und Mispeln sind heimisches Kernobst, das du gut anbauen kannst.

STEINOBST

Früchte und deren Mutterpflanze, die einen großen, holzigen Kern enthalten, bezeichnet man als Steinobst. Ihr Fleisch ist meist saftig und nicht lange lagerfähig. Beliebte Steinobstsorten sind Sauer- und Süßkirschen, Aprikosen, Mirabellen, Pfirsiche, Nektarinen, Reineclauden, Pflaumen und Zwetschgen. Die Mango ist ein exotisches Beispiel für ein Steinobst. Auch wenn wir Oliven nicht als Obst wahrnehmen, gehören sie dennoch in die Kategorie Steinobst. Ebenso zählen einige Wildpflanzen, die du mit etwas Kenntnis im Wald und an Feldrändern findest, zur Kategorie des Steinobstes, darunter der Holunder, die Kornelkirsche und der Schlehdorn.

Quitten eignen sich nicht zum Rohverzehr, lassen sich aber hervorragend zu Saft oder Marmelade verarbeiten.

Zwetschgenbaume fühlen sich an geschützten, sonnigen und warmen Plätzen im Garten am wohlsten.

BEERENOBST

Beerenobst ist eine Unterkategorie des Obstes, die sich vor allem in der kleinen Form der meist weichen Früchte festmacht. Zudem wachsen Beeren an Sträuchern und Büschen oder wie Erdbeeren an niedrigen Pflanzen. Von der Hand in den Mund zu leben, bekommt mit einer Anpflanzung von Beerensträuchern eine konkrete Bedeutung. Klein, saftig und rundlich fallen herrlich aromatische Beeren in deine Hand, wenn du im Sommer durch den Garten schlenderst.

Johannisbeeren können auch gut als Begrenzung für ein Beet oder als Gartenhecke gepflanzt werden.

Bei Himbeeren unterscheidet man zwischen Sommer- und Herbstorten. Beide brauchen eine Rankhilfe.

Zitrusfrüchte können auch bei uns gut gedeihen, im Winter müssen sie aber ins Gewächshaus.

Beerensträucher zu pflanzen ist einfach und gelingt auch Anfängern. Als ehemalige Waldbewohner gedeihen sie auch im Halbschatten und beschenken dich mit einer Vielfalt an Formen und Farben.
Es ist auf jeden Fall überaus reizvoll, eine Naschhecke aus Beerensträuchern anzulegen. Dazu kannst du beispielsweise die miteinander verwandten Himbeeren und Brombeeren mit Stachelbeeren und Johannisbeeren abwechselnd pflanzen. Sie haben ähnliche Ansprüche an Platzbedarf, Standort und Boden.
Beeren sind wahre Superfoods durch ihre Pflanzenfarbstoffe, die Freie Radikale binden und damit deine Zellen schützen. Daneben enthalten die kleinen Kerlchen viel Vitamin C, Zink; Eisen, Kalzium und Magnesium. Es lohnt sich, für den eigenen Anbau auch einmal über ungewöhnliche Sorten nachzudenken. Gojibeeren zum Beispiel stammen aus Asien, gedeihen aber auch bei uns gut. Sie enthalten wie alle anderen Beeren Vitamin C und Eisen, aber es sind besonders B-Vitamine und Carotinoide, welche die Beeren so attraktiv für Selbstversorgerinnen machen.
Beeren brauchen nicht viel Platz und du kannst sie auch in Töpfen und Kübeln auf dem Balkon anbauen. Für den eigenen Garten empfehlen sich Brombeeren, Erdbeeren, Johannisbeerarten, Heidelbeeren, Himbeeren, Holunderbeeren, Maulbeeren, Cranberrys, Preiselbeeren, Sanddorn und Stachelbeeren. Auch Weintrauben und sogar Feigen können zu den Beeren gezählt werden.

SÜDFRÜCHTE UND ZITRUSFRÜCHTE

Orangen, Mandarinen, Kumquats, Zitronen, Limetten, und Grapefruits gehören zur Familie der Zitrusfrüchte. Die fast ausnahmslose, tropisch-südostasiatische Herkunft dieser Gewächse bestimmt auch bei uns ihre Wuchsbedingungen. In unseren Breitengraden brauchst du ein Gewächshaus, um mit solchen Bäumen zu experimentieren. Sie sind im Handel als veredelte Ware erhältlich und gedeihen sowohl in gut drainierter, lockerer Erde als auch in Kübeln. Ein mittelgroßer Zitronenbaum kann eine vierköpfige Familie das Jahr über mit Zitronen versorgen.

Heilkraft und Aroma - Kräuter sind grüne Helfer mit großer Wirkung

Als Kräuter bezeichnet man umgangssprachlich alle Pflanzen, deren grüne Pflanzenteile und Blüten man zum Würzen von Speisen oder in der Heilkunde verwendet. Man unterscheidet also Heil- und Küchenkräuter, manche sind auch beides.

Gemeinsam ist Heil- und Küchenkräutern, dass sie mehrjährige sind und damit mehrere Jahre am gleichen Standort überdauern können. Kräuter enthalten ätherische Öle in hoher Konzentration. Der Pflanze dienen diese sekundären, oftmals duftenden Pflanzenstoffe zur Abwehr von Krankheiten, Schädlingen und Witterungseinflüssen. Wir können uns diese Substanzen zunutze machen, weil sie Prozesse in Leib und Seele unterstützen. Kräuter machen Speisen bekömmlich, runden Sommergetränke ab und lassen sich zu Tees, Tinkturen und Salben verarbeiten.
Kräuterbeete sprechen Nase, Auge, Geschmack und Tastsinn an. Geschickt gepflanzt, zum Beispiel in einer Kräuterspirale, kannst du auf kleinem Raum viele verschiedene Kräuter mit unterschiedlichen Ansprüchen anbauen. Kräuterklassiker, die in keinem Garten fehlen sollten, sind Schnittlauch, Petersilie und Basilikum, ferner empfehlen sich die mediterranen Vertreter Thymian, Salbei und Oregano. Fruchtig-frische Kräuter sind Melisse, Waldmeister und Zitronengras. Als besonders duftende Kräuter kannst du das Currykraut, die Immortelle, und den Lavendel pflanzen. Über dreißig aromatische Sorten Minze, von Ananasminze über Schokoladenminze bis hin zur Wasserminze laden zum Sammeln und Experimentieren ein. Hol dir den Kräuterzauber in den Garten!

Ob Gemüse, Obst, Beeren oder Kräuter – ein kleiner Garten, ein Balkon, eine Terrasse und selbst die Fensterbank eröffnen ein breites Spektrum an Möglichkeiten, um leckere und gesunde Nahrung selbst anzubauen. Mit etwas Geschick und ganz nach deinen Möglichkeiten und Bedürfnissen ausgewählt, hast du so jeden Tag etwas Selbstgeerntetes auf dem Teller. Vielleicht hast du auch Lust, einen Schritt weiterzugehen und Pilze im Keller zu ziehen, Hühner im Garten zu halten, einen Bienenkasten aufzustellen oder sogar in der Aquaponik Fische, Krebse, Schnecken oder Garnelen in Symbiose mit Kräutern oder Gemüse zu züchten. Los geht's!

Kräuter erfreuen uns als Gewürz-, Heil- und Duftpflanzen und sind obendrein pflegeleicht.

Es war eine Mutter, die hatte zehn Kinder ... – Gärtnern nach dem phänologischen Kalender

Der phänologische Kalender? Nie gehört? Nun, mit diesem Kalender teilen wir das Jahr in zehn Jahreszeiten ein, die sich nach der Entwicklung von Zeigerpflanzen richten.

Der Frühling mit zartem Grün und erwachendem Vogelgezwitscher, wogende Kornfelder im Sommer, Kastanien sammeln im Herbst und turmhohe Schneemänner bauen im Winter. Diese Jahreszeiten, über die wir im Alltag sprechen, unterteilen das Jahr in vier Zeitspannen, die astronomisch begründet und die kalendarisch in Monatsabschnitten festgehalten sind.
Doch wer schon einmal im April etwa zwischen Kiel und Freiburg unterwegs war, weiß, wie unterschiedlich die Monate in der Natur wirklich aussehen können. Während in der einen Region die Hänge schon in zarter Blüte stehen, liegt andernorts noch Schnee am Straßenrand und kahle Zweige recken sich in den grauen Himmel.
Auch Kartoffeln, Bohnen und Salate halten sich nicht an Termine. Es ist ein Zusammenspiel aus Licht, Wärme und Regen, das die Pflanzen aus der Erde lockt, sprießen und reifen lässt. Weil die Jahreszeiten nicht nur regional, sondern auch von Jahr zu Jahr verschieden sind, empfiehlt es sich, nach dem sogenannten phänologischen Kalender zu gärtnern. Dieser Kalender orientiert sich vorran-

Wann eine phänologische Jahreszeit beginnt, zeigen dir Zeigerpflanzen. Im Vorfrühling ist das unter anderem das Schneeglöckchen.

gig an der Blüte, der Fruchtreife, der Blattfärbung oder dem Blattabwurf typischer Pflanzen, sogenannter Zeigerpflanzen.
Der phänologische Kalender hilft dir, die genau richtigen Zeitpunkte für das Säen, Auspflanzen, Pflegen und Ernten deines Obstes, deiner Gemüsepflanzen und deiner Kräuter zu finden. In diesem Kalender stehen nicht die vier bekannten, sondern zehn Jahreszeiten.

DER PHÄNOLOGISCHE FRÜHLING

Der Vorfrühling liegt etwa zwischen dem kalendarischen mittleren Februar und Mitte März. Seine Zeigerpflanzen sind der Märzenbecher, das Schneeglöckchen, später die Salweide mit blühenden Kätzchen und die rispenartig hängenden Haselblüten. Der Vorfrühling steht im Zeichen der Vorbereitung. Du kannst jetzt erste Gemüsepflanzen im Haus vorziehen, Frühbeete anlegen, letzte Pläne für deine Freilandbeete schaffen und dich innerlich auf dein Gartenjahr einstimmen.
Im Erstfrühling lassen es die weißen Blüten vieler Beerensträucher und Kirschen, Pflaumen und Birnen auf die Streuobstwiesen schneien. Auch die Forsythien stehen strahlend gelb in der Blüte. Jetzt kommt das Selbstversorgerjahr langsam auf Trab. Du legst deine Freilandbeete an, gräbst sie um und arbeitest Kompost ein. Auch die ersten Sämlinge sind bereit für einen Umzug ins Freie. Einige von ihnen sollten noch mit Vliesen oder einer Mulchschicht vor der letzten harschen Witterung geschützt werden. Kalendarisch liegt der Erstfrühling etwa zwischen Mitte März und Ende April. Die schönen, großen Apfelblüten und die Blütentrauben von Fliederblüten zeigen den beginnenden Vollfrühling an. Eichen und Hainbuchen entfalten ihr Laub. Die Tage werden merklich länger und die steigenden Temperaturen erwärmen den Gartenboden. Dieser Monat liegt zwischen Anfang Mai und Ende Mai und das Selbstversorgerjahr ist jetzt in vollem Gange. Das endgültige Go zum Auspflanzen und Säen deiner letzten frostempfindlichen Pflanzen geben mitten im Vollfrühling die Eisheiligen, die um den 15. Mai mit der Kalten Sophie abschließen. Danach sind keine harschen Nachtfröste mehr zu erwarten und die wärmeliebenden Zucchini, Tomaten, Paprika, Kürbisse und Gurken dürfen endgültig ins Feld.

Im Vollfrühling wird es deutlich wärmer. Viele Pflanzen, wie diese Bohnen, fangen jetzt an zu keimen.

Radieschen lassen sich alle drei Wochen neu aussäen. Beginnen kannst du damit schon im Erstfrühling.

DER PHÄNOLOGISCHE SOMMER

Der Frühsommer liegt zwischen etwa Ende Mai und Mitte Juni. Die Blütendolden des Schwarzen Holunders sind neben Gräser- und Getreideblüten die wichtigsten Zeiger für diesen phänologischen Monat. Im Frühsommer erfahren deine Pflanzen einen deutlichen Wachstumsschub. Die Sonne lässt allerdings nicht nur Nutzpflanzen gedeihen. In den Beeten wirst du jetzt vermehrt Unkräuter

Im Früh- und Hochsommer verschönern Wildblumen den Garten und locken Insekten an.

Auch Erbsen kann man über den Sommer immer wieder nachsäen und so den Erntezeitraum verlängern.

Zwiebeln können im Herbst oder im Frühjahr gesetzt Werden. Wenn das Laub abknickt sind sie erntereif.

finden, die deinem Gemüse Konkurrenz machen. Regelmäßiges Jäten ist wichtig.
Der liebliche Duft der Sommerlinden füllt die Luft des Hochsommers. Im Garten sind die Johannisbeeren reif und auf den Feldern wird der Winterroggen geerntet. Der Hochsommer ist geprägt von viel Sonne und hohen Temperaturen, weshalb du gewissenhaft gießen solltest. Der phänologische Hochsommer liegt etwa zwischen Mitte Juni und Ende Juli. Rote Bete, Chinakohl, Wirsing, Pak Choi können jetzt schon in Saatgutschalen für den Winter angezogen werden.
Der Spätsommer ist der Fruchtmonat schlechthin. Er liegt zwischen Ende Juli und Ende August. Die wichtigsten Zeigerpflanzen sind für diesen Monat die kräftig orange leuchtenden Ebereschenbeeren, das violett blühende Heidekraut und die zierlichen Herbstanemonen. Beerensträucher, viele Apfelsorten, Mirabellen, Pfirsiche und Zuckermais sind endlich reif. Auch viele Fruchtgemüse kannst du im Spätsommer ernten. In diesem Monat sind Gießen, Hacken und Mulchen deine wichtigsten Aufgaben. Auch lässt sich jetzt von Hülsenfrüchten, Mangold, Rucola, Zwiebeln und von vielen Kräutern Saatgut gewinnen.

DER PHÄNOLOGISCHE HERBST

Im Frühherbst, ungefähr von Ende August bis Ende September, werden die Nachttemperaturen spürbar kühler und die Tage kürzer. Die schwarzen Holunderbeeren hängen schwer von den Sträuchern und die Rosskastanien fallen. Die Tageswärme lässt deine letzten Fruchtgemüse ausreifen. Hülsenfrüchte, Frühkartoffeln, Brokkoli, Blumenkohl und Sellerie können geerntet zu werden. Überschüsse kannst du einkochen, einfrieren oder fermentieren. Im Frühherbst sind auch Äpfel, Pflaumen, Stachelbeeren und Physalis reif. Du kannst sie frisch essen, einkochen oder zu Marmelade verarbeiten. Bei aller Erntefreude ist auch schon Zeit für die Vorfreude auf das nächste Jahr, wenn du vorgezogene Wintergemüse auspflanzt.
Der Vollherbst färbt die Natur zwischen Ende September und Mitte Oktober in warmen, bunten Farben. Die nächtlichen Temperaturen sind jetzt

deutlich kühler. Eicheln, Walnüsse und Haselnüsse fallen reif von Bäumen und Sträuchern, wollen genascht oder verarbeitet werden. Du kannst weiterhin reichlich ernten. Besonders Kohlarten, Kürbisgewächse und Mais füllen deinen Speiseplan in diesem Monat. Im Vollherbst fällt im Garten viel organisches Material an und es ist Zeit, einen Kompost anzulegen. Obstbäume und Beerensträucher können beschnitten und gepflegt werden.
Der Spätherbst fällt meist zwischen Mitte Oktober und Anfang November. Draußen ist es oft regnerisch und windig. Die Vegetationszeit für die meisten Pflanzen endet jetzt und sie gehen in die Winterruhe. Im Spätherbst ist mit ersten Nachtfrösten zu rechnen und empfindliche Gemüsepflanzen solltest du mit Mulch oder unter Vlies schützen. Alle Wurzelgemüse können jetzt geerntet werden. In den abgeernteten Beeten kannst du stickstoffbindende Gründüngung säen. Solange der Boden noch nicht gefroren ist, hast du Zeit, Obstbäume und Beerensträucher zu pflanzen.

DER PHÄNOLOGISCHE WINTER

Der Winter umfasst kalendarisch Anfang November bis Mitte Februar. Es ist die Periode zwischen dem Ende der Vegetationszeit mit Frostnächten und kalten Tagestemperaturen und der Haselblüte im Vorfrühling. Der Winter wird nicht wie die anderen phänologischen Jahreszeiten in verschiedene Phasen eingeteilt.
Für dich bedeutet dieser Monat eine Pause von vielen Gartenarbeiten im Feld. Du reinigst deine Gartengeräte und besserst sie aus, wenn nötig.
Im Haus kann die Selbstversorgung weitergehen: Sprossen, Getreidegräser und Pilze liefern Eiweiß, Mineralien und Vitamine in der dunklen Jahreszeit und können leicht im Keller oder auf der Fensterbank gezogen werden.

Viele Gemüsesorten gedeihen auch im Winter – das solltest du unbedingt ausnutzen!

DAS GARTENJAHR

Frühling, Sommer, Herbst und Winter, die Jahreszeiten kennt jedes Kind. Aber mit dem phänologischen Kalender gliedern wir das Jahr in zehn Abschnitte und können damit viel enger am Kreislauf der Natur arbeiten.

Überblick:
Was liegt an?

1.
BEETE PLANEN UND SAATGUTINVENTUR

2.
BEERENSTRÄUCHER UND OBSTBÄUME SCHNEIDEN

3.
DAS ERSTE BEET ANLEGEN

4.
KOMPOST UND BEETE LÜFTEN

5.
SÄEN UND ERNTEN

Vorfrühling heißt Vorfreude: planen und pflanzen von **Mitte Februar bis Mitte März.**

VORZIEHEN

Für eine Aussaat ins ungeschützte Freiland ist es zwar im Vorfrühling aufgrund der teilweise noch frostigen Temperaturen ein bisschen früh, aber ab Anfang Februar ist es an der Zeit, deinen Paprika, Chili und Auberginen im Haus in Anzuchtschalen oder Anzuchttöpfen eine gute Kinderstube zu bereiten. Ab März folgen für die Voranzucht Artischocken, Brokkoli, Blumenkohl, Rotkohl, Kohlrabi, Sommerspitzkohl, Grünkohl, Rotkohl, Sellerie, Salat, Weißkohl und Wirsing. Auch Tomaten kannst du jetzt schon in Anzuchttöpfen ziehen. Saatkartoffeln dürfen im Haus vorkeimen.

AUSSÄEN

Asiasalat, Pflücksalat, Spinat, Rucola, Karotten, Mairübe, Pastinake, Radieschen, Puffbohne, Erbsen, Zuckerschoten, Zwiebel sowie die Kräuter Baldrian, Bohnenkraut, Dill, Kerbel, Koriander, Muskatellersalbei, Petersilie, Pimpinelle, Sauerampfer, Schnittknoblauch, Schnittlauch und Winterkresse.

PFLANZEN

Zwiebeln und Knoblauch dürfen ab jetzt gesteckt werden.

ERNTEN

Der Vorfrühling ist zwar kein klassischer Erntemonat, wenn du aber im letzten Herbst geschickt gepflanzt hast, profitierst du immer noch von Grünkohl, Rosenkohl, Porree und Pastinaken.
All diese Gemüse sind winterhart und können den Winter über im Beet verbleiben, aus dem du sie nach Bedarf ernten kannst. Feldsalat und Rucola wachsen schnell und kommen am Ende des Vorfrühlings frisch auf den Tisch. Sprossen und Microgreens haben immer Saison. **Aus dem Gewächshaus** erntest du Salate, Porree.

EILE MIT WEILE

Es bringt nichts, noch früher im Jahr mit der Anzucht deines Gemüses zu beginnen. Im Haus ist es zwar durch die Heizung warm genug, um die Pflänzchen aus der Erde zu locken, das Licht enthält aber so früh im Jahr noch nicht ausreichend UV-Strahlung. In der Folge »vergeilen« die Triebe. Das erkennst du daran, dass sie auf der Suche nach Licht blass in die Höhe schießen, ohne schöne grüne Blätter auszubilden. Eine Ausnahme sind Pflanzen mit langer Keimdauer, wie Auberginen, Chili, Paprika und Peperoni. Diese Pflanzen wachsen besonders langsam und dürfen jetzt schon gesät werden!

Bohnen können im Vollfrühling direkt ausgesät werden, oder jetzt schon einen kleinen Vorsprung erhalten.

Allgemeine Gartenarbeiten im Vorfrühling

Von etwa Mitte Februar bis Mitte März dauert der phänologische Vorfrühling und läutet die eigentliche Vegetationsperiode im Garten ein. Die Zeigerpflanzen für den Vorfrühling sind die Haselblüte, der gelbe Huflattich und das Schneeglöckchen. Später kommen die Blüten der Salweide und die des Schlehdorns dazu.

Im Vorfrühling kannst du erste Gemüsesorten im Freiland aussäen und so langsam mit der konkreten Planung deiner Beete loslegen. Im Mittelpunkt des Vorfrühlings steht dabei die Voranzucht von Gemüsepflanzen und das Vorbereiten und Bestücken von Frühbeeten. An frostfreien Tagen bietet sich jetzt die Gelegenheit, Beerensträucher und Obstbäume zu schneiden. Und wenn du einen Balkon hast, kannst du jetzt damit beginnen, diesen langsam in ein kleines Selbstversorgergärtchen zu verwandeln.
Der Vorfrühling ist eine gute Zeit für eine Saatgutinventur. Vielleicht hast du noch Saatguttüten aus dem letzten Jahr übrigbehalten, die du jetzt zu Beginn des Vorfrühlings sichten und sortieren kannst. Zwischen drei und fünf Jahren bleibt das meiste Saatgut keimfähig, sofern es kühl und trocken aufbewahrt wurde. Auf den meisten Tüten finden sich auch Angaben über die Keimfähigkeit. Du kannst deinen Fundus dann um einige Zukäufe deiner Wahl ergänzen.

Salat darf mit als Erstes ins Freie umziehen. Leichte Minustemperaturen übersteht er problemlos, wird es doch einmal kälter, kann man ihn abdecken.

KOMPOST UND BEETE BELÜFTEN

Im Vorfrühling kannst Du Beete umgraben und Kompost umsetzen, damit sich die Feuchtigkeit darin gleichmäßig verteilt und das Bodenleben so richtig in Gang kommen kann. Lüfte deinen Komposthaufen mit einer Grabegabel, um Sauerstoff einzubringen, von dem die Mikroorganismen, Würmer und Kleintiere wie Tausendfüßler, Asseln und Springschwänze atmen und arbeiten können. Deine Beete kannst du jetzt ebenfalls vorsichtig umgraben oder nach Belieben nur lockern und Gesteinsmehl, Hornspäne oder Kompost einbringen. Das zeitige Belüften der Beete sorgt neben dem Sauerstoffeintrag dafür, dass sich der winterkalte Boden besser aufwärmen kann.

Das Umgraben der Beete ist keine leichte Arbeit, aber die Grundlage für glückliche Pflanzen.

OBSTBÄUME UND BEERENSTRÄUCHER SCHNEIDEN

Der Vorfrühling liegt immer noch in der Phase der Vegetationsruhe, in der die Säfte in allen Pflanzen noch nicht in Gang gekommen sind. Dies ist der ideale Zeitpunkt, um Beerensträucher und Obstbäume zu schneiden. Sträucher, die luftig wachsen dürfen, bilden mehr Früchte und sind weniger anfällig für Pilzerkrankungen, Blattläuse und Beerenrost. Lichte Johannisbeeren, Jostabeeren und Stachelbeeren an frostfreien Tagen aus, indem du Zweige, die älter als vier Jahre sind, bodennah mit einer Astschere oder einer Säge aus dem Strauch nimmst. Durch die fehlende Belaubung im Erstfrühling kannst du das alte Holz vom neuen Holz gut unterscheiden. Altes Holz ist dunkel, mit dickerer Rinde, während das junge Holz hell, grün und frisch erscheint.
Herbsthimbeeren schneidet man ebenfalls im Vorfrühling. Nimm alle Ruten bodennah aus dem Strauch, die du während der Saison abgeerntet hast. Dies sind auch bei Himbeeren die dunklen, verholzten Triebe.
Auch deine Obstbäume profitieren im Vorfrühling von einem Schnitt. Alle sich kreuzenden oder an anderen Ästen und Zweigen scheuernden Zweige solltest du mit einer Astschere unterhalb des Zweigansatzes entfernen. Größere Zweige stutzt du abschnittsweise mit einer Säge. Achte darauf, Äste von schräg oben nach unten direkt an der Ansatzstelle, dem Astwulst, abzuschneiden, damit sich eine bündige Schnittstelle ohne Haken ergibt. Manche Zweige haben Nebentriebe gebildet, die du entfernen solltest, weil sie dem Haupttrieb in Sachen Blüte und Fruchtbildung Konkurrenz machen. Auch nach innen wachsende Triebe sollten entfernt werden. Konzentriere dich bei Obstbäumen auf drei bis vier Hauptäste und schneide alle anderen Äste zurück. Triebe, die unterhalb der Veredlungsstelle herauswachsen, sollten auch entfernt werden.

Beerensträucher, die regelmäßig zurückgeschnitten werden, liefern später mehr Früchte.

Mein erstes Beet

Auf los geht's los! Wenn du bei null anfängst, dich mit selbstangebautem Obst und Gemüse selbst zu versorgen, ist ein umgegrabenes Gemüsebeet ein Klassiker unter den Anbauformen.

Damit dir die Gartenarbeit nicht buchstäblich über den Kopf wächst, ist es besser, klein zu beginnen. Eine Fläche ab circa drei Quadratmetern erlaubt dir, mit wenig Aufwand in den Gemüseanbau hineinzuwachsen. In den Herbst- und Wintermonaten gibt es dabei etwas weniger zu tun als in den Sommermonaten. Anbauen und ernten lässt sich auf einem solchen Beet aber das ganze Jahr über etwas. Circa zwanzig Quadratmeter versorgen bei geschickter Planung eine erwachsene Person das gesamte Jahr über mit essbarem Grün.

DEN RICHTIGEN STANDORT FINDEN

Der Vorfrühling ist eine gute Zeit, dich in deinem Garten oder Vorgarten nach einem geeigneten Standort für dein erstes Beet umzusehen. Gemüsebeete sollten, wenn möglich, eine Nord-Südausrichtung haben, damit die Pflanzreihen die Sonne optimal einfangen können. Es ist aber auch möglich, Beete im Schatten oder Halbschatten anzulegen. Falls du einen Komposthaufen neben deinem Beet anlegen möchtest, sollte er an der Nordseite des Beetes liegen.

Das erste Beet ist eine besondere Freude und der Geschmack der ersten Ernte unvergesslich. Nach und nach gewinnst du an Erfahrung dazu.

Sollte dein Garten abschüssig liegen, ist das kein Problem. Plane die Fläche dann so, dass die Längsseiten quer zum Hang liegen, sodass Regenwasser abfließen kann, ohne deine Pflanzung zu verschwämmen und ohne dass Staunässe aufläuft.
Lichtverhältnisse in deinem Beet:

- **Vollsonnig:** 6 Stunden Sonne/Tag: Gurken, Auberginen, Tomaten, Mais, Wassermelonen
- **Sonnig:** 4 Stunden Sonne/Tag: Bohnen, Erbsen, Rüben, Brokkoli, Kohl, Zwiebeln, Lauch, Rettich, Steckrüben, Rüben
- **Halbschattig:** 4 Stunden Sonne/Tag, eher morgens und abends: Schnittlauch, Pimpinelle, Dill, Minze, Petersilie, Sauerampfer, Bärlauch, Beeren, Kohlsorten, Rote Bete, Blattgemüse, Salate, Pastinaken, Lauch, Zwiebeln
- **Licht-schattig:** Das Beet liegt im Wechsel aus Licht und Schatten, z. B. unter einem Baum: Wurzelgemüse, Zwiebeln, Kohlrabi, Salate, Spinat, Rhabarber, Bohnenarten und Erbsen
- **Schattig:** dauernd im Schatten: Blattgemüse, Kohlarten, Radieschen, Möhren

BEET-VORBEREITUNGEN

Wenn du einen guten Standort für dein Einsteigerbeet gefunden hast, kannst du dir Gedanken über die Ausmaße des Beetes machen. Klassische Gemüsebeete sind 1,2 Meter breit, damit man sie optimal von beiden Seiten aus pflegen kann. Der Länge nach sind keine Grenzen gesetzt. Üblicherweise sind Gemüsebeete nicht länger als fünf Meter.
Fast alle Gemüsepflanzen mögen humusreichen, mittelschweren Boden. Wenn dein Gartenboden sehr lehmig ist, kannst du ihn mit einigen Schaufeln Sand und Kalk vermischen (abmagern). Sandige Böden werden mit Kompost und Mutterboden schwerer.
Beeteinfassungen sorgen für eine klare optische Abtrennung deines Gemüsebeetes vom Rest des Gartens. Zudem halten sie die Erde im Beet und schaffen Tritt- und Arbeitsflächen. Beeteinfassungen kannst du aus verschiedenen Materialien wie Natur- oder Betonsteinen, aus Holz oder aus einer niedrigen Hecke gestalten. Ein Tipp: Tagetes eignet sich hervorragend als Einfassungspflanze und ist darüber hinaus eine prima Schneckenbremse.

GANZ EINFACH

Typisches Anfängergemüse, das gut wächst und weniger Pflege bedarf, sind Möhren, Radieschen, Salate, Bohnen und Tomaten. Für Anfänger geeignetes Obst sind Beerensträucher und Erdbeeren.

DAS BEET ANLEGEN

Mithilfe eines Zollstockes, Pflöcken und einer Schnur kannst du jetzt dein Beet gerade und rechtwinklig abstecken. Es bietet sich an, die Ecken des Beetes mit Pflöcken zu markieren. Jetzt kannst du mit einem scharfen Spaten ringsum deine Beetfläche abstechen. Durchstich danach Schritt für Schritt in kleinen Abschnitten die Rasenfläche und schäle die Grassoden mit dem Spaten vom Mutterboden ab. Es ist nicht schlimm, wenn noch einige Graswurzeln im Beet verbleiben, sie verrotten später und verwandeln sich in wertvolle Nährstoffe für deine Pflanzen.
Die unter den Grassoden liegende Erde kannst du mit der Schaufel lockern und umgraben. Du wirst überrascht sein, wie viele Steine und Wurzeln du im Boden vorfindest. Entferne diese. Du kannst alles, was du findest, in einer Ecke deines Gartens aufschichten, wo es als willkommenes Domizil für Insekten und kleine Säugetiere dient.
Jetzt kommen deine Vorab-Überlegungen zum Tragen: Baue oder pflanze deine Beeteinfassung und bereite deinen Boden auf die Pflanzung vor, indem du ihn mit einigen Schaufeln reifen Kompost aufbereitest oder mit Sand abmagerst.

Aus Gras wird Erde

Die abgestochenen Grassoden kannst du mit den Wurzeln nach oben zu einem Haufen aufschichten und mit einem Vlies bedecken. Das Gras und die Wurzeln zersetzen sich binnen eines Jahres zu guter Gartenerde. Auch Wurzelunkräuter und Samen sind dann nicht mehr keimfähig.

Gemüseträume bis an den Horizont: Ein ganzes Feld muss es am Anfang nicht sein.

PFLANZPLAN

Spätestens wenn der Boden gelockert ist, kannst du dir Gedanken darüber machen, welche Gemüse dein neues Beet beherbergen soll. Erstelle dir möglichst einen Pflanzplan, dann hast du immer den Überblick, was du wann säen oder pflanzen musst. Wenn du deine Gemüsepflanzen in Mischkultur setzt, sorgst du für eine natürliche Barriere gegen Krankheiten und Schädlinge. Zudem begünstigen manche Pflanzen einander.

In Kürze

- Beginne klein
- Wähle deinen Standort
- Beet abstecken
- Rasenfläche abtragen
- Den Boden umgraben
- Steine, Unkräuter und Wurzeln entfernen
- Den Boden aufbereiten, düngen oder abmagern
- Beeteinfassung anlegen
- Den Boden auflockern und grunddüngen

Gemüsepflanzen richtig vorziehen

Das Beet ist angelegt, die Pflanzen, die du darin großziehen möchtest, sollten auch bald keimen. Das geht ganz einfach, du musst nur im Auge haben, was ein Samen und eine junge Pflanze so alles zum Keimen und Wachsen brauchen.

WELCHER BEHÄLTER IST DER RICHTIGE?

Im Handel kannst du Anzuchtschalen und Anzuchttöpfe in verschiedenen Größen und aus unterschiedlichen Materialien kaufen. Plastiktöpfe sollten, auch wenn sie Jahr für Jahr wieder verwendet werden können, das letzte Mittel deiner Wahl sein, wenn du möglichst plastikfrei gärtnern möchtest. Besser für die Umwelt sind kleine Töpfe aus Ton oder aus Naturkautschuk. Naturkautschuk ist ein nachwachsender Rohstoff, der vollständig biologisch abbaubar ist. Anzuchtbehälter aus diesem gummiartigen Material sind vergleichsweise teuer, aber die Anschaffung lohnt sich, denn die Behälter haben eine nahezu unbegrenzte Lebensdauer. Achte beim Kauf darauf, dass die Behälter fsc (copyright) zertifiziert sind.
Eine andere gute Möglichkeit sind Anzuchtbehälter aus gepressten Kokosfasern, Pappe oder Zellulose. Praktisch ist an diesen Materialien, dass du sie zum Auspflanzen mit in die Erde geben kannst. Sie zersetzen sich dort zu Humus und es entsteht auf diese Weise kein Müll.

Plastiktöpfe sind bei der Anzucht nicht die erste Wahl, man kann sie aber zumindest mehrfach verwenden.

Selbstgemachte Anzuchttöpfe aus Zeitungspapier bieten eine praktische und günstige Alternative.

Saatgut sammeln lohnt sich. Es lässt sich im nächsten Jahr aussäen, teilen oder tauschen.

DIY – Kompostierbare Anzuchtbehälter

Anzuchtbehälter lassen sich schnell und kostengünstig selbst machen. Geeignet sind dafür zum Beispiel die Pappkerne von Haushaltsrollen und Toilettenpapierrollen, die du in fünf Zentimeter hohe Stücke schneidest. Auch alte Eierkartons kannst du für das Heranziehen von Jungpflanzen gut verwenden. Hier muss nur der Deckel abgeschnitten werden. Die einzelnen Zellen des Kartons dienen dann zur Anzucht je einer Pflanze. Auch der Deckel des Kartons kann mit Samen in passenden Abständen bestückt werden. Hier musst du aufpassen, beim späteren Auspflanzen die feinen Wurzeln nicht zu beschädigen. Achte darauf, dass sie auf keinen Fall austrocknen!

Im Fachhandel werden auch Sets angeboten, mit denen du im Handumdrehen aus Zeitungspapier kleine Anzuchttöpfchen selbst wickeln kannst. Auch diese geringen Mengen Zeitungspapier dürfen zusammen mit dem Wurzelballen später ins Beet, sie zersetzen sich.

WELCHE ERDE SOLLTE ICH ZUR ANZUCHT VERWENDEN?

Für die Anzucht solltest du spezielle Anzuchterde verwenden. Solche Erde ist nährstoffarm und locker, damit die Sämlinge auf der Suche nach Nährstoffen tiefe Wurzeln bilden. So sind sie gut auf die spätere Auspflanzung in deine Beete vorbereitet. Torffreie Anzuchterde, welche die wertvollen Moore schont, sollte das Substrat deiner Wahl sein. Anzuchterde erhältst du im Handel. Sie ist aber auch schnell selbst gemacht: Mische dafür zu gleichen Anteilen Gartenerde, Anzuchterde und Sand. Da in deiner Anzuchterde Trauermückenlarven auftreten können, ist es empfehlenswert, sie zu sterilisieren. Das geht ganz einfach, indem du sie auf einem Backblech ausbreitest und für eine halbe Stunde bei 120 Grad erhitzt. Zum Aussäen sollte sie abgekühlt sein.

WO SOLLTEN DIE ANZUCHT-BEHÄLTER AUFGESTELLT WERDEN?

Licht und Wärme locken die Pflanzen aus den Samen. Die Anzucht deiner Sämlinge gelingt deshalb am besten auf einer südseitigen Fensterbank oder auf der Fensterbank im hellsten Raum des Hauses. Notfalls kannst du dir mit speziellen Anzuchtlampen behelfen. Gegen Zugluft schirmst du deine Pflanzen mit einem Deckel aus Frischhaltefolie ab. Zusätzlich schützt die Folie die Samen vor dem Austrocknen. Hin und wieder solltest du die Frischhaltefolie abnehmen, um die Pflanzen zu lüften und Schimmelbildung vorzubeugen. Achte darauf, dass die Erde stets feucht gehalten wird, denn die Samen und sprießenden Keimlinge brauchen eine gewisse Feuchtigkeit. Verwende zur Bewässerung eine Sprühflasche, damit die Samen nicht weggespült werden.

GEMÜSE VORZIEHEN IM FRÜHBEET

Frühbeete funktionieren wie kleine Gewächshäuser, in denen du deine Jungpflanzen anziehen und niedrige Gemüsepflanzen anbauen kannst. Frühbeete haben den Vorteil, dass sie nur wenig Platz im Garten in Anspruch nehmen und den Pflanzen optimale Licht- und Wärmebedingungen bieten, wenn es im Freiland noch nicht warm genug ist. Die Pflanzen wachsen dort geschützt vor Wind und Wetter heran.

Frühbeete sind eine gute Möglichkeit, deine Selbstversorgung um ein Element zu erweitern, denn durch die guten Wachstumsbedingungen, kannst du vier bis sechs Wochen früher mit dem Anbau starten. Im Frühbeet vorgezogene Pflanzen werden, wenn die Bedingungen draußen warm genug sind, ins Freiland umgesiedelt oder der Frühbeetkasten wird einfach abgenommen. So haben diese Pflanzen einen Wachstumsvorsprung erhalten, der das Anbaujahr entsprechend nach vorn verlegt. Andere Pflanzen können nachrücken und deine Ernte vervielfacht sich.

Welche Pflanzen kommen ins Frühbeet?

Für eine Anzucht im Frühbeet passen besonders solche Gemüsesorten, die eine längere Keimdauer haben. Das sind zum Beispiel Gurken, Kohlsorten, Kohlrabi, Kürbisgewächse und Salate. Auch Tomaten kannst du im Frühbeet anziehen, sofern dort Nachttemperaturen um 15 Grad gehalten werden.

Beheiztes Frühbeet à la nature

Bodenfrost kann auch im Frühbeet noch auftreten. Um die im Frühbeet benötigten Temperaturen von 15 bis 20 Grad zu erreichen, kannst du in vierzig Zentimeter Tiefe eine zwanzig Zentimeter dicke Schicht bestehend aus einer Mischung aus Pferdemist und Stroh (in lokalen Reitställen anfragen) einbringen. Bedeckt wird diese »Heizmatte« aus gärendem und verrottendem Material mit einer ebenfalls zwanzig Zentimeter dicken Schicht aus nährstoffarmer Erde. Nachdem sich das Beet eine Woche lang gesetzt hat, kannst du die ersten Samen aussäen. Regelmäßiges Lüften des Beetes zur Schimmelvermeidung nicht vergessen!

TÜTENWEISE INFORMATIONEN

Die Saatguttiefe und Keimdauer ist für verschiedene Pflanzen unterschiedlich. Auf den Saatguttüten aus dem Handel findest du Informationen darüber. Bei manchen Pflanzen ist es sinnvoll, zwei oder drei Samen in einen Behälter zu geben und später die stärkste Pflanze von ihnen auszuwählen und umzutopfen, bevor sie endgültig ins Freiland kommen. Denke auch daran, deine Anzuchtbehälter zu beschriften, damit du mit deinen Kulturen nicht durcheinanderkommst. Die gesammelten Eisstiele aus Holz aus dem Sommer eignen sich bestens dazu.

Frühbeete sind eine gute Alternative, wenn du drinnen nur begrenzt Platz für die Voranzucht hast.

Balkongärtnern

Kurze Wege und ein pflanzenfreundliches Mikroklima. Beim Balkongärtnern lebst du mit grünem Charme von der Hand in den Mund.

Knackige Salate, in den Himmel rankende Bohnen, aromatische Beeren, saftige Tomaten und sogar pralle Kürbisse – schon ein kleiner Balkon und etwas Aufwand und Geschick reichen aus, um täglich selbst gezogenes Obst, Kräuter und Gemüse auf dem Teller zu haben. Je sonniger und größer dein Balkon, umso größer wird dabei die Auswahl an Gemüsepflanzen. Und mit ein bisschen Kreativität kannst du mit Gemüse optische Blickfänge zaubern, die Zierpflanzengärten in nichts nachstehen. Also, leg los und mach dein Balkonien fruchtbar!

KLEIN, ABER BALKON – DIESE SORTEN EIGNEN SICH

Allgemein gilt die Faustregel, »je kleiner, desto besser geeignet«. Optimal für deinen Balkonanbau sind daher Radieschen, Pflücksalate und natürlich vor allem Kräuter wie Schnittlauch, Basilikum, Thymian, Rosmarin und die zahlreichen Minzarten, die deine Gerichte und Getränke verfeinern und zudem viele wertvolle Zutaten für deine Hausapotheke liefern. Spezielles Saatgut für Mini-Gemüsesorten ist ebenfalls im Fachhandel erhältlich.

ÜBER DEN BALKONKASTENRAND HINAUS

Viele Gemüsesorten, die wir sonst nur aus dem Garten kennen, machen sich gern auch auf deinem Balkon breit. Paprika und Chili reifen auf dem Balkon wunderbar, wenn sie zum Schutz vor dem Wind an Rankgitter und -stäbe angebunden werden. Mangold, Zuckererbsen, Bohnen und sogar Möhren, Tomaten, Gurken, Zucchini und Kartoffeln finden in Kübeln, Kästen und Mini-Hochbeeten auf dem Balkon Platz und gute Bedingungen. Leckere Naschobstsorten wie Erdbeeren, Himbeeren und Heidelbeeren wachsen in Kübeln und Kästen in deinem Balkonparadies.

SCHATTENDASEIN ODER PLATZ AN DER SONNE?

Grundsätzlich bietet der Balkon allen Gemüsepflanzen ein günstiges Klima. In der Regel ist es dort das ganze Jahr über etwas wärmer als im Gartenbeet, außerdem gewähren Haus- und Trennwände den Pflanzen einen guten Schutz vor Zugluft und Wind. Je nach Lage ist der Lichteinfall auf dem Balkon jedoch sehr verschieden. Ein Südwest-Balkon mit vielen Sonnenstunden besonders im Sommer lädt ein, mit weiteren mediterranen Gemüsen zu experimentieren. Gurke, Aubergine, Paprika, Chilis oder Zucchini sind ideal geeignet. Dekorativ sind auch Olivenbäume, Zitronenbäume oder niedrige Orangenstämmchen. Schattigere West-, Ost- oder Nordbalkons stehen dem Südbalkon in Sachen Gemüsepflanzung in nichts nach. Sie beherbergen gern Mangold, Rote Bete, Feldsalat, Spinat, Blattsalat, Buschbohnen, Radieschen, Kohlrabi, Brokkoli oder Grünkohl, selbst wenn der Balkon nur wenige Sonnenstunden abbekommt. Viele Kräuter, die in der Natur im kühleren, schattigen Unterholz gedeihen, wie Bärlauch, Sauerampfer, Waldmeister, Minze, Brunnenkresse, Schnittlauch oder Petersilie, sind dankbar, wenn sie im Schatten oder Halbschatten stehen. Zudem wachsen Heidelbeeren an halbschattigen Standorten auch im Topf sehr gut. Manche Pflanzen, besonders Tomaten, profitieren von einer Überdachung, weil sie Regen nicht gut vertragen. Hohe Luftfeuchtigkeit zwischen den Pflanzen kann Pilzerkrankungen begünstigen. Bei Balkonen ohne Überdachung solltest deine Gemüsepflanzen deshalb luftig stehen, sodass Regenwasser gut von den Blättern abtrocknen kann.

Auch auf dem Balkon lassen sich reiche Ernteergebnisse erzielen.

BEWÄSSERUNG AUF DEM BALKON

Die Kehrseite bei einem kleinen Selbstversorgergarten auf dem Balkon ist, dass du Pflanzbehälter und Hochbeete regelmäßiger gießen musst, als es im Freiland der Fall ist. Einerseits fehlen Regengüsse von oben, wenn dein Balkon überdacht ist, andererseits trocknet die Erde in kleinen Pflanzbehältern schneller aus. Achte auf dem Balkon deshalb besonders auf ausreichendes Gießen. Deine Balkonpflanzen gießt du am besten am frühen Morgen oder am Abend und nicht in der prallen Mittagshitze. Im Hochsommer kann eine Bewässerung morgens und abends nötig sein. Als Leitsatz gilt: Gieße die Erde und nicht die Pflanze! Nasse Blätter in der Sonne können nämlich »verbrennen«. Dies vermeidest du, indem du mit einer Gießkanne direkt in den Wurzelbereich gießt. Kleinere Töpfe können in einen mit Wasser gefüllten Eimer eingetaucht werden.

URLAUBS-VERTRETUNG

Im Fachhandel erhältst du Stecksysteme, mit denen du mittels PET Wasserflaschen deine Kästen immer gleichmäßig bewässern kannst. Solche Systeme sind auch geeignet, wenn du einen Wochenendtrip planst und dein Gemüse nicht allein lassen willst. Eine andere Möglichkeit sind biologisch abbaubare Vliesstreifen, die in die Erde eingearbeitet werden können. Diese Streifen nehmen beim Gießen viel Wasser auf, speichern es und geben es nach und nach wieder an die Erde ab.

KREATIVSTE BEHÄLTER

Nachdem du dich für dein passendes Lieblingsbalkongemüse entschieden hast, ist es an der

Zeit, die geeigneten Pflanzbehälter dafür zu finden. Blumentöpfe, Kübel, Kästen, Pflanzsäcke und Hochbeete gibt es in allen Formen und Ausführungen. Es lohnt sich aber auch, kreativ zu werden und nach weiteren Behältnissen Ausschau zu halten. Paletten lassen sich mit wenigen Handgriffen zu Kräuterkästen umbauen, mit ein paar Löchern perforierte leere Eimer beherbergen Kopfsalate, Radieschen und Rucola, bunte Gummistiefel werden zum Erdbeertopf. Auch eine alte Sporttasche kann zu einer mobilen Pflanzstation werden. Bei aller Kreativität solltest du auf einen guten Wasserabfluss achten und darauf, dass jedes Gemüse im Wurzelbereich ausreichend Raum hat. Wähle von daher im Zweifel immer den größeren von zwei Behältern.

Als grobe Orientierung dienen folgende Maße pro Pflanze:

- Kräuter: ab etwa 15 Zentimeter Durchmesser
- Paprika und Chili: ab etwa 10 Liter Fassungsvermögen
- Tomaten, Stangenbohnen, Buschbohnen: 20–40 Liter Fassungsvermögen
- Zucchini, Kürbisse: 40–60 Liter Fassungsvermögen
- Gurken: Kübel oder Töpfe 10 Liter Fassungsvermögen. Der Behälter sollte höher als breit sein, weil Gurken tief wurzeln
- Kartoffeln: pro Kartoffelpflanze ca. 10 Liter Erde

Hochbeete kann man individuell bauen und auf jede Balkongröße abstimmen.

HOCH HINAUS – DER VERTIKALE GEMÜSEGARTEN

In eine weitere Dimension denken, lohnt sich, wenn du den horizontalen Platz auf deinem Balkon ausgeschöpft oder schlichtweg noch mehr Lust auf frische Kräuter und Gemüse hast. Rankgitter stützen die Pflanzen und Ranknetze bilden vertikale Konstruktionen, die langweilige Hauswände begrünen.

Im Handel gibt es übereinanderhängende Pflanztaschen, die mit Dübeln und Haken an der Mauer oder mit Kabelbindern am Balkongeländer befestigt werden können. Hier wachsen Salate zu einer grünen Wand heran.

Schräg aufgestellte Paletten kannst du mit Folie auskleiden und mit Erdbeeren bepflanzen, die malerisch über den Holzrahmen ranken.

Die Sprossen einer alten Leiter lassen sich mit Hängeblumentöpfen bestücken, in denen dein Pflücksalat wächst.

Luxuriös, aber überaus dekorativ sind kleine Gewächshäuser, die auch für Balkone konzipiert sind. Darin wachsen Tomaten sicher vor Regenschauern, Gemüse lassen sich anziehen oder ein kleiner Kräutergarten anlegen.

Einen einfachen, rechteckigen Rahmen aus Holz zusammenzuschrauben, gelingt auch Anfängern. Dazwischen werden halbierte Regenrohre angebracht, die du mit Erdbeeren, Salaten und Co. bepflanzen kannst.

DIY-Pflanzmobile

Tetrapaks oder PET-Flaschen können in ein Pflanzmobile verwandelt werden, in dem Kräuter, Rucola oder Radieschen sprießen. Dazu legst du die Flaschen und Packs horizontal und schneidest mit einem scharfen Messer in die obere Seite ein leicht abgerundetes, großes Rechteck. Der Behälter kann dann mit Erde befüllt und mit Kräutern bepflanzt werden. Am Flaschenhals und am Flaschenboden aufgehängt, nimmt diese Konstruktion kaum Platz ein. Mehrere solcher PET-Kräuterflaschen lassen sich mit etwas Geschick zu einem Balkongärtchen-Mobile übereinander anordnen, sodass nur die oberen gegossen werden müssen und überschüssiges Wasser automatisch in den darunter hängenden Behälter läuft.

MINITEICH

Ein besonderer Blickfang sind eine alte Zinkwanne oder ein Waschzuber, in denen du einen Miniteich anlegen kannst. Hier gedeihen Wasserminze und Wasserkastanien als exotisches und gleichermaßen essbares Highlight. Achte dabei auf die Traglast deines Balkons.

Selbst in einem Blumentopf gedeihen Kräuter, Radieschen und andere kleine Sorten ohne Probleme.

ERSTFRÜHLING

Überblick:
Was liegt an?

1. **GEMÜSE UND KRÄUTER VORZIEHEN**
2. **BEERENSTRÄUCHER PFLEGEN**
3. **DÜNGEN**
4. **JUNGPFLANZEN INS FREILAND BRINGEN**
5. **SÄEN UND ERNTEN**

Ab nach draußen!
Aus der Kinderstube
in die Beete geht es von
Mitte März bis Ende April.

VORZIEHEN

Jetzt ist immer noch ein guter Zeitpunkt für die Voranzucht von Tomaten, Paprika, Aubergine, Fenchel, Mais und Lauch. Möchtest Du etwas Exotisches ausprobieren, dann kann jetzt auch die Andenbeere in Anzuchttöpfe gesät werden. Zum Ende des Erstfrühlings kannst du auch Melone, Gurke, Zucchini und Kürbis vorziehen.

AUSSÄEN

Im Freiland: Mangold, Möhren, Radieschen, Zwiebeln, Lauch, Pastinaken, Schwarzwurzeln, Steckrüben, Rote Beete, Blattspinat, Rucola, Weiß-, Rot- und Grünkohl, Palmkohl, Rosenkohl und Spitzkohl. Sellerie ist eine schöne, zu Kohl und Lauch passende Mischkultur.
Im Frühbeet, unter Tunneln oder Vliesen: Ackerbohne, alle Kohlsorten, Kohlrabi, Möhren, Radieschen, Pastinaken, Rettich, Sellerie, Rote Bete, Salate und Fenchel.

AUS DEM VORRAT SCHÖPFEN

Selbstversorgung bedeutet vorzusorgen. Auch wenn März und April noch keine eigentlichen Haupterntemonate sind, kannst du von deinen selbst gezogenen Gemüsen aus dem letzten Jahr profitieren. Eingefrorene oder eingemachte Bohnen, Zuckermais, Sellerie, Gurken, Kürbisse und Rüben, sowie selbst gemachte Obstkonserven und Kompott können jetzt im April gut aufgebraucht werden und schmecken mit allen selbst gezogenen, getrockneten Kräutern.

PFLANZEN

Im Freiland kannst du jetzt Zwiebeln und Knoblauch stecken. Erdbeeren brauchen kein Vlies, bilden aber geschützt schneller Blüten. Obstbäume können entweder jetzt oder im Herbst und an frostfreien Tagen im Winter gepflanzt werden.

ERNTEN

Im Freiland gibt es nur noch wenig aus den Beeten zu ernten. Ende des Erstfrühlings kannst du aber noch Pastinaken und Topinambur aus dem Vorjahr ausgraben, sowie Feldsalat und Spinat pflücken.
Aus dem Gewächshaus: Porree, Feldsalat, Rucola, Kopfsalat, Pflücksalate.
Wildsammlung: An Böschungen, an Feldwegen, Bachufern, Steinbrüchen, Baustellen und Sandgruben kannst du Huflattich finden, der jetzt schon blüht. Aus den goldgelben Blüten wird ein wirksamer Tee gegen Husten und Halsschmerzen aufgegossen. In den Wäldern findest du außerdem Bärlauch und die Blätter des Scharbockskrauts, die sehr Vitamin-C-reich sind. Sie können über Salate gegeben werden.
Im Haus: Microgreens von Weizen-oder Gerstengras liefern frisches gesundes Grün, Sprossen von Kresse, Senf, Alfalfa, Buchweizen, Brokkoli, Rotkohl und Leinsamen versorgen dich in der erntearmen Zeit mit Vitaminen, Aminosäuren und Enzymen für eine Frühjahrskur, Solltest Du Pilze aus Pilzkultursets anbauen, dann kannst du sie immer wieder beernten.

SONSTIGES

Du kannst jetzt schon vorgezogene Saaten pikieren, also vereinzeln, damit ihre Wurzeln Platz bekommen, um sich auszubreiten. Vereinzele die kräftigsten Exemplare in größere Töpfe oder ins Beet. Kürze die Hauptwurzel vorsichtig mit einer Nagelschere, dann verzweigt sie sich später stärker.

Allgemeine Gartenarbeiten im Erstfrühling

Der Erstfrühling ist der Pflanzmonat schlechthin. Nach den letzten kalten Tagen des März blühen jetzt die Obstbäume in voller Pracht, zarte Blätter überziehen die Sträucher mit lichtem Grün, während am Himmel Wolken und Sonne großes Kino abliefern.

EXTRA LECKER EDAMAME

Als Edamame bezeichnet man die unreif geernteten Bohnen der Sojapflanze sowie die aus ihnen zubereiteten Gerichte. Die hellgrünen, knackigen Bohnen, die an die Dicken Bohnen erinnern, sind sehr eiweißhaltig und ergänzen mit ihrem hohen Gehalt an ungesättigten Fettsäuren, Kalium und Kalzium nicht nur den Speiseplan von Veganern und Vegetariern. In den beliebten Bowls und Bentoboxen oder als leckerer Snack schmecken sie der ganzen Familie. Sojapflanzen sind sehr wärmeliebend und profitieren von einer Anzucht im Haus ab Anfang März. Ab Mitte April dürfen die Pflanzen dann an einen sonnigen Standort ins Freie umziehen. Rechne mit drei Sojapflanzen pro Person für eine gute Versorgung über die Saison hinweg mit Edamame. Die grünen, prallen Bohnen lassen sich sehr gut einlegen.

Bei diesem Wetter wird der Gartenboden mit Regen gründlich getränkt und erwärmt sich langsam, sodass du die allerersten Pflanzen auspflanzen kannst.

GUTE CHANCE FÜR DIE VORANZUCHT IM HAUS

Im Vorfrühling hast du deine Beete geplant und einiges vorgezogen, was nun ins Freiland umziehen darf. Gurken, Zucchini und Kürbisse können aber auch im April noch im Haus vorgezogen werden. Ab Mitte Mai kommen sie dann in die Beete.
Wenn du dir auch noch wärmeliebende Chili, Tomate, Paprika, Basilikum, Artischocke, Zuckermais oder Melone an Bord holen willst, ist im April ebenfalls der letzte Aufruf für eine Voranzucht.

KRÄUTER VORZIEHEN

Kräuter werden in der Regel direkt an ihren Standort gesät. Man kann sie aber auch in der geschützten Atmosphäre des Hauses vorziehen, wo sie sich gegen Schädlinge stärken und ohne Unkrautdruck fit für dein Kräuterbeet werden. Basilikum, Koriander, Dill, Schnittlauch, Bohnenkraut, Petersilie, Thymian sind für eine Voranzucht gute Kandidaten.

ESSBARE BLÜTEN

Essbare Blüten geben deinen Salaten, Suppen oder Reisgerichten Farbe. Getrocknet bereichern sie sommerliche Teemischungen. Kapuzinerkresse, Ringelblume, Gewürztagetes und Borretsch sind anfällig für die schwarze Bohnenblattlaus. Sie werden widerstandsfähiger, wenn du sie ab April vorziehst. Mit einer wöchentlich versetzten Aussaat hast du darüber hinaus über Wochen blumige Deko für deine Sommergerichte.

BEERENSTRÄUCHER PFLEGEN

Wirf jetzt im Erstfrühling auch einen Blick auf deine Beerensträucher. Himbeeren und Brombeeren darfst du im April noch auslichten, die Ruten gegebenenfalls anbinden und mit einer Düngergabe versorgen. Und natürlich ist der Erstfrühling auch die Zeit für das Setzen von Monatserdbeeren, von denen du von Sommer bis Herbst naschen kannst.

Übrigens: Die Artenvielfalt in deinem Garten fördern kannst du im Erstfrühling, indem du einen bunten, nektar- und pollenreichen Blühstreifen säst. Das geht mit wenig Kosten und Aufwand dank im Fachhandel erhältlicher Saatgutmischungen. Solche Blühwiesen sehen nicht nur schön aus, sie locken vor allem Bestäuberinsekten in deinen Garten. Bienen, Hummeln, Schmetterlinge und einige Fliegenarten fördern damit deine Ernte. Außerdem dienen sie in der Nahrungskette Vögeln, Spinnen oder Fröschen als willkommenes Futter.

DÜNGEN

Im Erstfrühling solltest du deine Beete schon mit Kompost aufbereitet haben. Unerwünschte Brennnesseln, die jetzt in den Gebüschen sprießen, kannst du abschneiden und abgedeckt in einem Eimer Wasser einlegen. Sie ergeben einen pflanzenstärkenden Brennnesselsud, den du mit dem Gießwasser ausbringen kannst.

ERSTE VORGEZOGENE PFLANZEN NACH DRAUSSEN PFLANZEN

Die Pflanzen, die du im Februar und März im Haus oder im Gewächshaus vorgezogen hast, haben jetzt die richtige Größe, um ins Freiland umziehen. Beachte dabei die Frostgrenze Mitte Mai oder lege Kulturschutznetze recht locker über die Jungpflanzen. Bedenkenlos auspflanzen kannst du im Erstfrühling die meisten Kohlsorten, Kopfsalate und Hülsenfrüchte.

Kapuzinerkresse bringt Farbe in deinen Garten und verfeinert deine Salate.

Brennnesseljauche lässt sich einfach selber ansetzen und ist ein hervorragender Dünger.

PFLANZEN INS FREILAND AUSPFLANZEN SCHRITT FÜR SCHRITT

1.
Nur die Harten in den Garten-Pflänzchen abhärten

Damit deine Pflanzen endgültig fit für die große weite Welt werden, stelle die Anzuchtschalen und -töpfe vor dem Auspflanzen für ein paar Stunden täglich nach draußen – nicht in die pralle Sonne und nicht in Zugluft! – sodass sie sich an Licht und Luft gewöhnen können. Andernfalls können sie einen Sonnenbrand bekommen.

2.
Unkraut entfernen

Lockere zunächst die Erde mit der Grabegabel. Bei dieser Gelegenheit kannst du Wurzelunkräuter und Steine entfernen. Die warmen Sonnenstrahlen locken nicht nur Gemüsepflanzen aus der Erde hervor. Auch die Unkräuter möchten sich ein Plätzchen in deinen Beeten sichern. Je früher du sie entdeckst, desto gründlicher und nachhaltiger lassen sie sich beseitigen.

3.
Der ideale Zeitpunkt

Die Wurzeln deiner Pflanzen in den Anzuchtschalen und -töpfen sind fein und empfind-

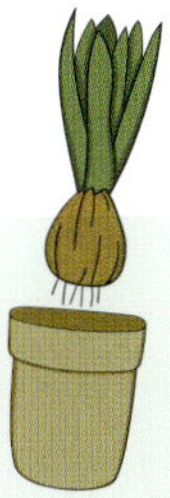

lich. Achte darauf, dass du sie vor dem Einpflanzen nicht dem direkten Sonnenlicht aussetzt, damit sie gut anwurzeln können. Ein bewölkter Tag oder die Abendstunden sind die besten Zeiten, um deine Gemüsepflanzen in die Beete zu setzen. Die Erde in den Pflanzbehältern sollte gut gewässert sein, bevor es ans Auspflanzen geht. Wenn du noch mehr Zeit hast, kannst du die Töpfe über Nacht in Wasser einweichen oder direkt vor der Pflanzung in einen Eimer Wasser tauchen.

4.
Pflanzabstand festlegen

Zunächst solltest du den Pflanzabstand zwischen den einzelnen Pflanzen festlegen. Die Angaben dafür findest du in der Regel auf den Samentütchen. Markiere dir den Abstand der Pflanzen zueinander in den Reihen. Wenn du einzelne Anzuchttöpfe hast, kannst du sie schon an die Stelle in der Reihe legen, an der sie am Ende stehen sollen.

5.
Pflanzloch ausheben

Deine jungen Pflanzen sollten am Ende nicht tiefer in der Erde stehen, als sie es in den Anzuchtbehältern getan haben, damit das Herz der Pflanze, in dem bei Blattgemüse die jungen Blätter gebildet werden, nicht vergraben wird. Allgemein pflanzt man Kohl

und Fruchtgemüse etwas tiefer, damit die Pflanzen standfester anwachsen, und Salate etwas höher ein, da diese sonst schnell faulen können. Das Pflanzloch hebst du nun mit einer Pflanzkelle aus. Es sollte groß genug sein, den Wurzelballen der Pflanze aufzunehmen, ohne die Wurzeln zu quetschen oder zu verletzten.
Achtung! Dünger oder Kompost nie direkt an die Wurzeln in das Pflanzloch geben. Die hohe Dichte der Nährstoffe kann zu einem Verbrennen der feinen Wurzeln führen.
Deinen Gartenboden solltest du schon zwei Wochen vor dem Auspflanzen der Sämlinge mit Kompost versorgen und die Beete dann etwas ruhen lassen.

6. Pflanzen aus den Anzuchtbehältern entnehmen

Selbstgemachte oder gekaufte kompostierbare Anzuchttöpfe mit einzelnen Pflanzen dürfen direkt mit ins Beet gegeben werden. Sie weichen schnell auf, zersetzen sich innerhalb weniger Wochen und geben den Wurzeln so den Raum frei.
Wenn du deine Pflanzen in Plastiktöpfen oder in Schalen aus Naturkautschuk angezogen hast, kannst du sie vorsichtig und ganz leicht entnehmen, indem du seitlich rundherum auf den Behälter klopfst.

7. Dicht gesäte Jungpflanzen vereinzeln

Manche Pflanzen hast du je nach Aussaatanleitung auf der Tüte zu drei oder vier Pflanzen in einen Anzuchttopf (Horstsaat) gelegt oder dicht an dicht in die Anzuchtschale gesät. Eng beieinander nehmen sie sich den Raum und die Nährstoffe, die sie benötigen, um größer zu werden. Im Beet brauchen sie mehr Abstand. Du musst sie deshalb nun vorsichtig voneinander trennen.

7

Die feinen Kapillarwurzeln sollten dabei möglichst wenig verletzt werden. Ein Pikierstab ist ein hilfreiches Werkzeug dabei. Du kannst aber auch den Stiel eines Teelöffels nehmen, um die Pflanzen zu trennen. Stecke den Stab oder Stiel mit dem runden Ende nahe der Pflanze in die Erde und hebele sie vorsichtig nach oben. Die ausgehobene Pflanze samt den Wurzeln legst du behutsam quer über das neue Pflanzloch und drückst die Wurzeln mit dem Pikierstab sachte nach unten.

8. Ordentlich wässern

Fülle das vorbereitete Pflanzloch mit Wasser und warte dann, bis es versickert ist. Gib den aus dem Anzuchtbehälter gelösten Wurzelballen in dein Pflanzloch und verschließe es rundherum mit Erde. Forme einen kleinen Graben als Gießrand. In diesen kannst du ab dem Folgetag das Gießwasser geben, damit es direkt an die Pflanze kommt, ohne in die Umgebung abzufließen.

Hoch lebe die Selbstversorgung!

Hochbeete gibt es in allen Größen und Formen – sie bieten eine wunderbare Möglichkeit, deine Selbstversorgung um eine Dimension zu erweitern.

Dabei ist der Nutzen eines Hochbeetes enorm vielseitig, gleichermaßen für dich und dein Gemüse. Ob dein Hochbeet eine lockere Grundstücksgrenze zu den Nachbarn bildet, den Sitzplatz in deinem Garten beschirmt, deinen Balkon mit Essbarem begrünt oder einen ungenutzten Vorgarten urbar macht – ein Hochbeet findet immer einen Platz und trägt damit zu einem weiteren Stück Selbstversorgung bei.
Wer keinen eigenen Garten hat, kann ein Hochbeet auch auf einer gepflasterten Fläche, zum Beispiel im Hof oder in der Einfahrt aufstellen. Balkons und Terrassen bieten Platz für kleinere Hochbeete. Mit Rollen versehen, lassen sich diese ganz nach Gusto und Bedarf verschieben.

HOCHBEET-PFLEGE

Hochbeete müssen das gesamte Jahr über gepflegt werden. Am meisten Arbeit hast du mit ihnen im Frühjahr. Spezielle Pflanzpläne für Hochbeete, mit denen du das ganze Jahr aus ihnen ernten kannst, sind im Handel und online erhältlich. Der größte Aufwand, den das Hochbeet nach dem Frühjahr macht, ist das Gießen. Durch die geringe Fläche und die Sonneneinstrahlung auf die Seitenwände trocknen Hochbeete schneller aus als Gartenbeete. Zusätzlich wird es mit viel Material befüllt, das bei der Umsetzung Wärme produziert. Spezielle Bewässerungshilfen, die es sogar mit App-Anbindung gibt, unterstützen dich beim Gießen mit Schlauch oder Gießkanne.

HOCHBEETE SCHONEN DEINEN RÜCKEN UND ERFREUEN DEIN AUGE

Hochbeete lassen sich deiner individuellen Körperhöhe nach planen. So entfallen mühevolles Bücken und damit Rückenschmerzen beim Bepflanzen, Gießen, Pflegen und Ernten und auch deine Knie werden geschont. Nicht nur für Kinder ist es toll, Kürbisse und Salat auf Augenhöhe wachsen zu sehen und zu ernten. Es macht Spaß, den Pflanzen aus der Nähe beim Ranken, Blühen, Wachsen und Reifen zuzusehen. Mancher Schädling und manche Pflanzenkrankheit fällt so im Hochbeet schneller ins Auge und kann frühzeitig bekämpft werden. Die Nähe zu deinem Gemüse hat auch einen psychologischen Effekt: Ein Garten, den du stets vor der Nase hast, motiviert viel eher zur Pflege als ein Grundbeet im blinden Fleck zu deinen Füßen.

MEHR UND LÄNGER ERNTEN IM HOCHBEET

Die Ernte in einem Hochbeet kann üppiger ausfallen als in einem konventionellen Beet. Grund hierfür ist die höhere Temperatur des Beetes über das gesamte Jahr. Durch die Sonneneinstrahlung auf die Wände des Beetes und durch die Zersetzung des organischen Materials in der Hochbeetbefüllung bildet sich ein regelrechtes Mikroklima, das deine Pflanzen schneller wachsen lässt. Die Fläche eines Hochbeetes lässt sich dichter bepflanzen als die eines Beetes im Garten mit vergleichbarer Grundfläche, weil die Nährstoffdichte und -bereitstellung im Hochbeet um einiges höher sind.

Die höhere Temperatur und Nährstoffdichte kannst du dir außerdem im Frühjahr zunutze machen, indem du deine Pflanzen im Hochbeet früher aussäst als im Freiland. Hochbeete sind zudem von Bodenfrost kaum betroffen. Deine Pflanzen wachsen und reifen unter solchen Bedingungen schneller. Das verschafft dir einen erheblichen Anbauvorteil gegenüber dem Freiland. Nach dem Ernten der einzelnen Kulturen lassen sich gleich neue Kulturen nachsäen.

Im Winter lässt sich das Hochbeet dann immer noch weiter bestücken, während im Freiland die Ernte schon vorbei ist. Abdeckungen wie Vlies, Netz oder Frühbeetaufsatz können deine Pflanzen gegen Kälte schützen.

Auch auf kleinem Raum gedeihen im Hochbeet viele Pflanzen.

SCHUTZ VOR SCHÄDLINGEN

Man denkt es zwar, aber ein Hochbeet ist keineswegs schneckensicher, auch wenn die schleimigen Vielfraße einen etwas umständlicheren und weiteren Weg zum leckeren Salat und zarten frischen Grün von Kohl und Kräutern zurücklegen müssen. Immerhin fällt bei einem Hochbeet aber das Absammeln auf Augenhöhe leichter und du kannst es mit weniger Aufwand schneckensicher machen. Auch kann ein Befall, der durch Schneckeneier in der Komposterde eingetragen wurde, schnell erkannt und beseitigt werden. Erdflöhe, die gern an Salaten und am Rucola knabbern, finden kaum einen Weg ins Hochbeet. Gegen Wühlmäuse solltest du den offenen Boden des Hochbeetes immer mit einem engmaschigen Wühlmausgitter versehen.

MATERIALAUSWAHL

Hochbeetmodelle sind fertig oder als Bausätze in allen Preisklassen aus Holz, Kunststoff oder Metall erhältlich, lassen sich aber auch mit kreativen Mitteln einfach selbst bauen. In Big Bags von der Baustelle, aus Paletten zusammengeschraubt, selbst gemauert, aus gestapelten Bäckerkisten oder aus geflochtenen Zaunelementen zusammengesetzt: Dein Geschick und deine Fantasie erschaffen grüne Träume.

Wichtig ist, dabei die Haltbarkeit des Hochbeetes zu bedenken. Der Haltbarkeit von Holz sind natürliche Grenzen gesetzt. Wenn du nicht mit Holzschutzmitteln arbeiten und auch keine tropischen Hölzer verwenden möchtest, empfiehlt sich das besonders feuchtigkeitsresistente Holz der Robinie als ökologisch vertretbare europäische

Alternative. Andere Hölzer sollten mit Kunststofffolie ausgekleidet werden. Ansonsten musst du es leider in Kauf nehmen, dass dein Hochbeet nur einige Jahre hält.
Aus Stahl, Beton, Steinen oder Wellblech gefertigte Hochbeete sind überaus verschleißfest. Sie können über sehr lange Zeit, sogar über Jahrzehnte, neu befüllt und bepflanzt werden.

CHECKLISTE HOCHBEET

1. Wo soll das Hochbeet stehen?

Die meisten Gemüsepflanzen gedeihen am besten, wenn sie viel Sonne bekommen. Darum ist ein südseitiger Aufstellort für ein Hochbeet der ideale. So können deine Fruchtgemüse, Kräuter und Beeren täglich vier bis fünf Sonnenstunden einfangen. Es ist aber natürlich auch möglich, ein Hochbeet an die Ost- oder Westseite des Gartens zu stellen. Hauswände können das Beet vor Wind schützen, sollten es aber nicht beschatten. Eine Ausrichtung gen Norden jedoch empfiehlt sich für Hochbeete nicht.

2. Wie hoch soll das Hochbeet sein?

Wer rückenfreundlich gärtnern möchte, sollte auch die Höhe des Hochbeetes seinen Bedingungen anpassen. Als Faustregel gilt, dass von der Beetoberfläche bis zu den Ellbogen 20 bis 25 Zentimeter Platz sein sollte.

Wer auf die richtigen Beetnachbarn achtet, kann im Hochbeet vielfältig ernten.

3. Wie groß sollte das Hochbeet sein?

Die Größe eines Hochbeetes richtet sich zunächst danach, wo du es aufstellen möchtest, wie viel du ernten möchtest und wie viel Zeit und Geld du investieren kannst. Das Gärtnern im Hochbeet auf Balkon oder Terrasse erfordert kleinere Modelle als im Garten oder Vorgarten. Wenn du dich für eine der letzteren Varianten entschieden hast, ist eine Breite des Beetes von maximal 120 Zentimetern optimal, damit du es von beiden Seiten aus pflegen kannst. Kleinere Menschen können ein schmaleres Maß wählen. Sollte dein Hochbeet an einem Zaun oder im Schutz einer Wand aufgestellt werden, solltest du ein schmaleres aussuchen. Bei einer Breite von 50 bis 70 Zentimetern kannst du es von einer Längsseite aus gut bestellen. Stabil ist ein 120 Zentimeter breites Hochbeet bei einer Länge von bis zu 200 Zentimetern. Längere Hochbeete müssen zusätzlich zur Verstärkung verstrebt werden.

4. Was spricht für ein erdverbundenes Hochbeet?

Hochbeete können erdverbunden oder mit geschlossenem Boden angelegt werden. Kleinstlebewesen und Würmer haben bei erdverbundenen Beeten besseren Zugang zur Füllung des Beetes und unterstützen die dort erwünschten Verrottungsprozesse. Gitter gegen Wühlmäuse schützen deine Beete vor einer Invasion der Nager von unten.

Auf gepflasterten Flächen lassen sich Hochbeete ebenso gut aufstellen. Kleide den Boden des Beetes dann mit Unkrautvlies aus, um gleichzeitig die Erde zusammenzuhalten und den Wasserablauf zu gewährleisten.

5. Wie wird ein Hochbeet gefüllt?

Hochbeete leben von ihrer sehr nähstoffreichen Füllung, die durch die Verrottung von organischem Material erreicht wird. Du kannst dafür prima Gartenabfälle, deinen Kompost und Laub verwenden. Auch Obstbaum- und Strauchschnitt findet im Hochbeet eine Verwendung.

Zur Belüftung von unten füllst du 20 bis 30 Zentimeter hoch grobe Äste und Zweige hinein, die beim Strauchschnitt anfallen.

Eine fünf bis zehn Zentimeter dicke Lage mit Laub oder Grassoden decken die Belüftungsschicht ab. Sie zersetzen sich im Lauf des Jahres und geben dabei Nährstoffe frei.

Halbverrotteter Kompost vom Komposthaufen bildet die dritte, 20 bis 30 Zentimeter hohe Humusschicht im Hochbeet.

Die eigentliche Pflanzschicht stellt die letzte Schicht dar. Hierfür solltest du Gartenerde mit reifem Kompost mischen und davon 20 bis 30 Zentimeter auf die vorherige Schicht geben.

Durch die Umsetzungsprozesse des Beetes sackt der Inhalt deines Hochbeetes innerhalb eines Jahres um 10 bis 20 Zentimeter ab. Darum solltest du es jedes Frühjahr mit einer Mischung aus reifem Kompost und Gartenerde auffüllen.

Die Nährstoffe in einem Hochbeet sind nach ungefähr acht Jahren erschöpft. Dann solltest du den gesamten Inhalt des Beetes tauschen.

RICHTWERTE FÜR DIE HOCHBEET-HÖHE

Körpergröße	Beethöhe
160 cm	circa 75 cm
170 cm	circa 80 cm
180 cm	circa 85 cm
190 cm	circa 90 cm

VOLLFRÜHLING

Überblick:
Was liegt an?

1.
SAATEN DIREKT INS FREILAND SÄEN

2.
SCHÄDLINGE EINDÄMMEN

3.
MULCHEN

4.
PFLANZEN STÄRKEN

5.
SÄEN UND ERNTEN

Die Natur kommt in Fahrt:
Ende April bis Ende Mai
heißt weiter auspflanzen
und Schädlinge in Schach halten.

VORZIEHEN

Im Saatkasten oder auch im Topf, aber draußen nur gut geschützt, kannst du ab Mai Rot-, Grün-, Blumenkohl und Brokkoli, Bohnen sowie Fenchel vorziehen. Sie stehen dann sozusagen in Reserve bereit für die Herbst- und Winterernte. Salate wie Frisee, Endivie oder Radicchio sind ebenfalls leckere Herbstkulturen.

AUSSÄEN

Kräuter: Säe Basilikum, Bohnenkraut, Dill, Kresse, Petersilie und Schnittlauch ins Kräuterbeet oder in Töpfe. Die Samen solltest du zweimal täglich befeuchten oder mit einer Plexiglasscheibe abdecken, bis sie gekeimt sind.

Ins Freiland: Buschbohnen, Blumenkohl, Brokkoli, Chicorée, Möhren, Mangold, Radieschen, Rettich, Rote Bete, Salat, Stangenbohnen, Winterlauch und Zuckermais füllen deine Beete. Wenn du noch vor der Sommerpause Spinat ernten möchtest, ist jetzt der letzte Aussaatzeitpunkt dafür. Für einen beständigen Vorrat an Möhren und Salat ist es gut, wenn du alle zwei Wochen wieder neue Samen aussäst. Die langsam keimenden Möhren vertragen eine Beisaat aus Lauchzwiebeln oder Radieschen, die dir dabei als Detektor dienen, um zu sehen, wo du Möhren gesät hast.

SONSTIGES

Erdbeeren mit Stroh oder Holzwolle mulchen, um Fäulnis vorzubeugen. Überzählige Himbeertriebe entfernen und Ruten hochbinden.

PFLANZEN

Nach den letzten Frösten kannst du Mitte Mai die vorgezogenen Auberginen, Tomaten, Paprika, Sellerie, Gurken, Zucchini, Melonen ins Beet setzen. Jungpflanzen von Salaten, Kohlgewächsen, Sommerlauch und Kartoffeln dürfen ebenfalls nach draußen umziehen.

Für einen ganzjährigen Vorrat kannst du Steckzwiebeln ab Mitte Mai ebenfalls noch einmal stecken.

ERNTEN

Porree, fortlaufend Radieschen, Salate und Spinat, zarte Erbsen und Zuckerschoten sowie frühe Sorten von Brokkoli, Kohlrabi und Blumenkohl, frühe Erdbeersorten, Rhabarber und Spargel.

WILDSAMMLUNG

Der Vollfrühling lockt nicht nur in den Garten, sondern auch in die Natur. Im Wald grünt und blüht der Bärlauch, dessen Blätter und Blütenstände sich zu Ölen, Essigen und Pestos verarbeiten lassen. Aufpassen, Verwechslungsgefahr mit den giftigen Maiglöckchen! Auch frisch gehackt in Quark oder auf Suppen gestreut ist das Wildkraut ein Genuss. Die grünen Stängel des Waldmeisters tauchen jetzt auch im Unterholz auf. Aus ihnen kannst du die bekannte Waldmeisterbowle machen. Ein aromatischer Sirup gelingt auch aus ihnen sowie aus den Holunderblütendolden, die an Wald- und Wegrändern auftauchen. Wusstest du, dass du die hellgrünen Fichtentriebe zu Hustensirup verarbeiten kannst?

GRÜNER BODYGARD

Gurken, Möhren, Salat, Zwiebeln und Kohl profitieren von einer Reihe Dill zwischen den Reihen. Das hält Schädlinge fern und begünstigt das Bodenleben.

Allgemeine Gartenarbeiten im Vollfrühling

Im Vollfrühling ist der Sommer schon deutlich spürbar. Die Tage werden heller und länger und die Nächte milder. Die Natur scheint mit allem Grün zu explodieren. Eichen, Eschen und die Hainbuche stehen jetzt in sattem Blätterkleid und die Apfelbäume blühen mit großen weiß-rosa Blüten.

Duftender Flieder steht in den Gärten, Eberesche und Rosskastanien tupfen weiß die Wälder und die Blüte der Himbeeren geht langsam zu Ende. Wer mag, kann im Wald Bärlauch und Waldmeister sammeln gehen.

MAIKÄFER FLIEG'!

Der Vollfrühling ist der längste Abschnitt im phänologischen Frühling. Er dauert etwa von Ende April bis Ende Mai. Für dich heißt es jetzt, alle Konzentration auf deine Beete zu richten, denn es gibt viel zu tun. Weil es in der Mitte des Vollfrühlings noch viel regnet, aber schon mild ist, schlüpfen die Schnecken aus ihren Verstecken und haben einen Bärenhunger auf junge Gemüsepflanzen. Wer kein Schneckenkorn streuen möchte, sollte die Übeltäter morgens bei Sonnenaufgang absammeln. Auch deine Pflanzen gehen in die Wachstumsphase und brauchen jede Menge Nährstoffe. Pflanzenjauchen stärken und nähren sie jetzt. Solche Jauchen kannst du ganz leicht selbst herstellen.

Pflanzenjauche lässt sich nicht nur aus Brennnesseln, sondern auch aus Ackerschachtelhalm selber herstellen.

Brennnesselsud wirkt gesprüht auch gut gegen den jetzt einsetzenden Blattlausbefall. Und natürlich schießen nun nicht nur die Nutzpflanzen, sondern auch das Unkraut. Hacke vorsichtig zwischen den Reihen und entferne es mitsamt der Wurzel. Wenn es ein sonniger trockener Tag ist, kannst du es einfach liegen lassen, da es in Kürze vertrocknen wird.
Manchmal ist es im Vollfrühling tagelang warm und trocken. Behalte deshalb auch das Wässern deiner jungen Pflanzen im Blick.

BLATTLÄUSE BEKÄMPFEN

Feuchtes und warmes Wetter im Vollfrühling begünstigt Blattlausbefall. Wenn du ihn frühzeitig erkennst, kannst du ihn gut bekämpfen. Ein scharfer Wasserstrahl spült die Schädlinge von den Blättern. Du kannst auch 20 Milliliter Schmierseife auf einen Liter Wasser geben und die befallenen Pflanzenteile zweimal in der Woche mit dieser Mischung besprühen. Achte darauf, dieses Mittel nur bei Pflanzenteilen anzuwenden, die nicht gegessen werden. Eine andere chemiefreie Lösung ist ein Sud aus Knoblauchzehen. Dafür lässt du eine Mischung aus drei großen, geschälten und halbierten Knoblauchzehen in einem Liter Wasser ziehen. Nach zwei Wochen erhältst du einen Sud, den du in eine Sprühflasche geben und auf die befallene Pflanze sprühen kannst. Der Geruch verfliegt nach kurzer Zeit. Gegen einen geringen Befall von Blattläusen hilft es auch, halbierte Knoblauchzehen in die Erde zwischen die Pflanzen zu stecken. Die ätherischen Öle in der Knolle vertreiben die Blattläuse und hemmen ihre Ausbreitung. Natürliche Gegner von Blattläusen sind Marienkäfer und deren Larven. Man kann Marienkäferlarven im Handel kaufen, um sie im Garten anzusiedeln. Hier wirkt ein naturnaher Garten, der den Tierchen zwischen Holzstapeln und Steinhaufen Verstecke zum Überwintern anbietet, wie eine herzliche Einladung. Und als Nebennahrungsquelle kannst du für die Marienkäfer, zusätzlich zu den Blattläusen, auch Löwenzahn, Schnittlauch, Fenchel, Kümmel, Ringelblumen, Dill und Klatschmohn wachsen lassen.

Mehr als nur ein lästiges Unkraut: Brennnesseln kann man zum Düngen und Mulchen verwenden.

(K)ein schönes Bild: Bei Blattlausbefall solltest du schnell handeln.

Rezept für Pflanzenjauche zur Pflanzenstärkung

Eine gute Möglichkeit, Pflanzen auf natürliche Weise zu stärken, ohne Geld für spezielle Mittel auszugeben, ist die Produktion von Pflanzenjauchen. Jetzt im Vollfrühling ist die beste Gelegenheit, eine solche Jauche aus dem sprießenden Ackerschachtelhalm und aus jungen Brennnesseln herzustellen. Der Ackerschachtelhalm ist ein gefürchtetes Unkraut im Garten, weil er sich schnell ausbreitet und dabei andere Gartenpflanzen verdrängt. Auch Brennnesseln sind im Garten nicht beliebt. Wenn du den Ackerschachtelhalm und die Brennnessel frühzeitig jätest und verarbeitest, hältst du ihre Ausbreitung in Schach und durch den Sud deine Pflanzen gesund.

Aus beiden Pflanzen stellst du Pflanzenjauchen aus je einem Kilo Pflanzen pro zehn Litern Wasser her. Es empfiehlt sich, dicke Gartenhandschuhe zu tragen, wenn du die Brennnesseln schneidest. Zerkleinere die Pflanzen mit einer Gartenschere und gib alles zusammen in ein Gefäß aus Plastik, Holz, Steingut oder Ton. Metalleimer würden oxidieren. Eine Schippe Steinmehl bindet die aufkommenden unangenehmen Gerüche. Die Mischung deckst du jetzt mit einem grobmaschigen Tuch oder einem Deckel ab. Du solltest das Gefäß an einen sonnigen, warmen Platz im Garten stellen, um die Gärung darin zu fördern. Alle paar Tage musst du den Sud mit einem Holzstab umrühren. Fertig ist die Pflanzenbrühe, wenn beim Rühren keine Blasen mehr aufsteigen. Seihe die Mischung durch ein Tuch, um die Pflanzenreste abzufiltern. Du kannst sie bedenkenlos auf den Kompost geben.

Pflanzenjauchen enthalten Mineralstoffe, ätherische Öle sowie zellenstärkende Kieselsäure und sind ein hervorragender Dünger für alle starkzehrenden Pflanzen. Sie schützen die Pflanzen vor Pilzerkrankungen, insbesondere vor Echtem und Falschem Mehltau und vor Rosterkrankungen. 1:5 mit Wasser verdünnt, kannst du den Ackerschachtelhalmsud zweimal monatlich in deinen Beeten ausbringen. Brennnesseljauche solltest du stärker, nämlich im Verhältnis 1:10 verdünnen. Du kannst sie zur Blattlausbekämpfung in Sprühflaschen füllen und bei Bedarf sprühen.

OBSTCHECK

In deinem Obstgarten reifen die ersten Erdbeeren heran. Damit die bodennah wachsenden Früchte nicht mit Erde verschmutzt werden oder faul werden, kannst du eine Schicht sauberes Stroh unter ihnen ausbringen. Checke auch noch einmal deine Himbeeren und Brombeeren. Überzählige Triebe kannst du im Vollfrühling immer noch herausschneiden und ungezähmte Ruten anbinden.

Der Rhabarber geht jetzt langsam in die Blüte. Die langen Ähren sind eindrucksvoll anzuschauen und sie sind sogar essbar. Du kannst sie ähnlich wie Brokkoli zubereiten. In jedem Fall solltest du die Blüten samt den Stielen vorsichtig ausbrechen, damit die Pflanze Energie und Nährstoffe in die Ausbildung großer Blätter und Stiele steckt.

AUSSAATEN VOR VÖGELN SCHÜTZEN

Nicht nur Schnecken und Blattläuse stellen eine Gefahr für deinen Garten dar. Auch Vögel können im Gemüsegarten großen Schaden anrichten. Amseln, Spatzen, Krähen und Tauben picken gerne Samen und Jungpflanzen. Saaten können von den scharfen Vogelaugen sogar unter der Erde entdeckt werden. Ein Schutz gegen die hungrigen Schnäbel ist ein Kulturschutznetz aus Kunststoff, das über die Beete gelegt wird, bis die Pflanzen so groß geworden sind, dass die Vögel das Interesse an ihnen verlieren.

Durch eine Strohschicht bleiben deine Erdbeeren trocken und sind so weniger anfällig für Schimmel.

Vögel lieben Jungpflanzen. Mit einem Netz haben sie es schwer, an deine Beete zu kommen.

Einfach, aber effektiv: Nutze deine alten CDs, um Vögel von deinen Beeten abzuhalten.

Wichtig: Das Kulturschutznetz muss so feinmaschig wie möglich sein, damit sich kleinere Singvögel nicht darin verfangen können.

DIY: Vögel vertreiben mit »Musik«
Deine ausrangierte CD-Sammlung ist ebenfalls ein wirksames Mittel gegen Vogelfraß. Befestige die CDs mit Schnüren an Bäumen, Zaunpfählen oder separaten Stangen, die du in die Erde zwischen den Pflanzreihen steckst. Die CDs sollten möglichst viel vom Wind bewegt werden können. Die Reflexionen und Bewegungen vertreiben die Vögel. Eine zweite Möglichkeit sind flatternde Bänder aus Alufolie oder bunten Stoffresten.

GEMÜSE AUSPFLANZEN IM FREIEN

Wenn die Eisheiligen vorbei sind, kannst du deine vorgezogenen Fruchtgemüse aus Haus, Wintergarten und Frühbeet ins Freie setzen, also etwa Auberginen, Tomaten, Paprika, Sellerie, Gurken, Zucchini, Melonen und Kürbisse sowie den Winterlauch. Zusätzlich sind auch alle Kohlgewächse, Salate, Sommerlauch und weitere Kartoffeln bereit, in die Beete zu kommen. Wenn du mit den ein wenig kälteempfindlichen Artischocken experimentieren möchtest, solltest du nach den Eisheiligen noch zwei Wochen warten, bis auch die Nachttemperaturen stabil mild sind. Alle Jungpflanzen sollten, bevor sie endgültig ins Freiland umziehen, eine Woche lang stundenweise an das Sonnenlicht, den Wind und das Klima draußen gewöhnt werden.

DAS IDEALE EINSTEIGERGEMÜSE

Zucchini sind pflegeleicht, wuchsfreudig und es gibt sie in vielen Formen, Musterungen und Farben. Damit du nicht den ganzen Sommer Zucchini essen musst, solltest du nicht zu viele Pflanzen einplanen. Für den gröbsten Hunger von vier Zucchiniliebhabern genügen ungefähr zwei Pflanzen.

Exkurs: Mission Mulch – Was ist Mulchen?

Damit dein Garten den kommenden trockenen Hochsommer gut übersteht, kannst du jetzt schon mit einer Mulchschicht für ihn sorgen. Als Mulch bezeichnet man eine Schicht organischen Materials, das auf den offenen Boden und um die Pflanzen herum aufgebracht wird.

Eine Mulchschicht kann aus angetrocknetem Rasenschnitt, gefallenem Laub, Stroh und Heu oder den großen »Abfallblättern«etwa von Rhabarber oder Kohlrabi bestehen. Auch die jetzt üppig wachsenden Brennnesselpflanzen vor der Blüte eignen sich gut als Mulchmaterial.
Vorbild für das Mulchen ist die Natur, die in ihrem Kreislauf aus Vergehen und Werden für eine Art natürliche Mulchdecke aus verblühten Pflanzen, gefallenem Laub, Moos und Zweigen sorgt. Du kannst es bei einem Waldspaziergang einmal ausprobieren: Nackten Boden wirst du nirgends finden, und wenn du die obere Schicht aus halb verrotteten Blättern beiseiteschiebst, wirst du das tobende Leben aus Kellerasseln, Tausendfüßlern und Würmern entdecken.

DER MULCH MACHT'S – WARUM EIGENTLICH MULCHEN?

Eine Mulchschicht auf deinen Beeten beschattet den offenen Gartenboden, hält die Feuchtigkeit im Boden und schützt ihn damit vor dem Austrocknen. Für dich bedeutet Mulch weniger Gießaufwand in den heißen Sommerwochen. Gleichzeitig bietet der

Eine schützende Decke: Mulch hilft, die Feuchtigkeit im Boden zu halten und Unkraut einzudämmen.

Mulch den Bodenorganismen Nährstoffe an, die sie aufschließen. Das kommt anschließend durch die Zersetzungsprodukte dieser Organismen wieder deinen Pflanzen wie eine Düngergabe zugute. Außerdem schützt Mulch deinen Boden vor Erosionen, wenn es, auch bedingt durch den Klimawandel, im Jahresverlauf immer wieder zu heftigen Starkregenfällen kommt.
Und nicht zuletzt hilft dir das Mulchen auch dabei, Unkräuter in Schach zu halten, denn im Boden befindliche Samen werden durch den ausbleibenden Lichteinfall gehindert, zu keimen und zu wachsen. Hinzu kommt noch, dass gemulchter Boden kühler ist, sodass die Wurzeln der Gemüsepflanzen auch bei hohen Temperaturen weiter wachsen und Wasser aufnehmen.

Ab jetzt hat das Rasenmähen doppelten Nutzen: Grasschnitt eignet sich gut zum Mulchen.

RICHTIG MULCHEN

Mulchen ist ganz einfach, wenn du einige Gesichtspunkte beachtest: Pflanzen nicht zudecken. Grundsätzlich kannst du alle jungen Pflanzen, die höher als zehn Zentimeter sind, mit einer Mulchschicht umgeben. Achte aber darauf, dass deine Jungpflanzen vom Mulch nicht bedeckt werden.
Stickstoffzehrung vorbeugen. Manches Mulchmaterial ergibt auf dem Gartenboden eine Art Zersetzungsrückkoppelung. Bodenorganismen schließen die Nährstoffe aus dem Mulch zwar auf, verbrauchen dabei aber Stickstoff, der von den Pflanzen gebraucht wird. Solcher stickstoffzehrender Mulch ist vor allem der Mulch aus Rasenschnitt und Stroh. Damit der Mulch deinen Pflanzen keine Konkurrenz macht, kannst du feinkrümeligen Kompost über den Mulch geben, Hühnermist darauf verteilen oder regelmäßig mit Brennnesseljauche gießen. Verwende jegliche Gartenabfälle, sodass das Mulchmaterial aus gröberen und feineren Materialien besteht.
Mulchschicht wachsen lassen. Du kannst auf deine Beete das ganze Jahr über immer wieder Mulchmaterial aufbringen. Achte aber darauf, dass sich unter der dicken Schicht aus organischem Material kein Schimmel bildet. Regelmäßiges Wenden verhindert dies. Eine Mulchschicht sollte mindestens fünf Zentimeter dick und zum Zeitpunkt ihres Ausbringens nicht zu feucht sein. Behalte bei gut gemulchten Beeten immer auch die Schnecken im Auge, denn die Tiere verstecken sich gern in der kühlen, feuchten Decke.
Gemulcht werden können prinzipiell alle Pflanzen bis auf die mediterranen Kräuter, die besser auf warmen, nährstoffarmen Böden gedeihen.
Achtung! Verwendet nicht den im Baumarkt erhältlichen Rindenmulch, denn er ist für den Nutzgarten nicht geeignet. Die in ihm enthaltenen Gerbsäuren würden den Boden sauer machen, was Gemüsepflanzen gar nicht gut vertragen.

EXTRA DICKE MULCHSCHICHT

In der Permakulturbewegung spielt das Mulchen eine zentrale Rolle. Hier mulcht man mitunter mit einer Mulchdecke aus bis zu dreißig Zentimeter. Es lohnt sich, diese Technik auch einmal auszuprobieren.

Der süße Traum vom Fliegen – Imkern

Bienen und Wildbienen, darunter auch Hummeln, spielen eine wichtige Rolle für die Bestäubung von Obst, Beeren, Nussbäumen oder Gemüse.

Wie immens wichtig die Bestäubung für uns ist, muss hier nicht extra betont werden. Auch nicht, dass viele Insekten, und besonders die Wildbienen, vom Aussterben bedroht sind. Zwar können Obstbäume auch vom Wind oder von anderen Insektenarten bestäubt werden, ein Apfelbaum aber würde beispielsweise nur ein Viertel seiner Früchte tragen, wenn die Bienen nicht wären.
Es lohnt sich also schon allein wegen ihrer Bestäubungsleistung, selbst Honigbienen zu halten. Aber natürlich produziert die Biene auch Honig, Bienenwachs, Propolis und Gelée Royale.
Im Gegensatz zu den solitär lebenden Wildbienen sind Honigbienen in perfekt organisierten Staaten mit bis zu 50.000 Tieren zusammengeschlossen. Die Königin ist das Zentrum dieses geflügelten Universums und legt am Tag bis zu 2000 Eier, die von den Arbeiterinnen mit Nektar und Pollen versorgt werden. Männliche Bienen nennt man Drohnen, sie stehen für die Fortpflanzung bereit. Unsere heutigen Honigbienen sind die hoch domestizierten Nachfahren einer Wildbienenart, die in Europa ausgestorben ist. Honigbienen wurden über Jahrhunderte auf Honigertrag und geringe Aggressivität gezüchtet. Diese Bienen würden in der freien Natur in hohlen Baumstämmen nisten, doch der Mensch bietet ihnen in der Imkerei dazu Bienenkästen an, aus denen er die Bienen, das Wachs und den Honig bequem entnehmen kann. Ein Bienenvolk kann pro Jahr etwa fünfzig Kilo Honig produzieren. Den Bienen dient der Honig als Nahrung für ihre Brut und zur Vorratshaltung für den Winter. Wenn du imkerst, entnimmst du nur so viel Honig, dass das Bienenvolk dennoch überlebt.
Es ist faszinierend zu beobachten, wie sich aus einer Keimzelle von wenigen Waben im Laufe des Jahres der komplexe summende und brummende Bienenstaat mit Arbeiterinnen und Drohnen entwickelt. Wenn du am Ende des Sommers den köstlichen goldenen Honig ernten kannst, hast du das Gefühl, den Sonnenschein des ganzen Jahres in Gläser abzufüllen.

PRODUKTE DER HONIGBIENE

Honig stellen die Bienen aus Blütennektar und eigenen Körpersäften her. Er dient zur Ernährung ihrer Brut. Honig enthält mehr Fruktose als Glukose und schmeckt für den Menschen süßer als raffinierter Haushaltszucker. Das bedeutet, dass wir mit weniger Honig die gleiche Süßkraft wie beim Zucker erhalten. Honig trägt außerdem zu einer gesunden Ernährung bei, weil er viele Antioxidantien enthält. Das sind Phenole, Enzyme, Flavonoide sowie organische Säuren. Diese Stoffe, die vor allem in naturbelassenem Honig vorkommen, sollen vor Arteriosklerose, Herz-Kreislauf-Erkrankungen, Arthritis oder Krebserkrankungen schützen.

Propolis ist das Kittharz der Bienen, mit denen sie ihren Bienenstock ausbessern und befestigen. Sie sammeln dazu von Knospen und Baumrinde Harze, die sie mit Speichelsekreten und Pollenanteilen mischen. Propolis wirkt antibakteriell und gegen Pilzerkrankungen, es kann von Menschen eingenommen oder in der Kosmetik verarbeitet werden. Es dient der Wundheilung, der Zellerneuerung und soll sogar gegen Depressionen wirksam sein.

Gelée Royale ist ein besonderer Honig, der von den Bienen speziell für die Königin hergestellt wird. Dieses exklusive Futter enthält Eiweiße, B-Vitamine, Spurenelemente und Kohlenhydrate. In der Naturheilkunde wird Gelée Royale als blutdruckregulierendes Mittel und zur Wundheilung verwendet.

Blütenpollen werden von den Bienen zusätzlich zum Blütennektar als Nahrung gesammelt. In der Imkerei kann Pollen zum Teil den Bienen abgenommen werden. Er dient als natürliches Nahrungsergänzungsmittel, gelöst in Smoothies und Getränken. Pollenkörner sind reich an Protein, Vitaminen, Mineralstoffen.

Bienenwachs kann aus den entleerten Waben der Bienen gewonnen und zu Kerzen oder für die Herstellung von Kosmetik weiterverarbeitet werden. Bienenwachs ist goldgelb und duftet angenehm nach dem Honig, mit dem es in Berührung gekommen ist.

WAS MUSS ICH ALS IMKER TUN?

Besonders zu Beginn der Imkerei kostet es dich ein wenig Zeit, dir das notwendige Wissen anzueignen. Kurse bei Imkereivereinen, die dich ein ganzes Bienenjahr über begleiten, sind Grundlage für die Bienenhaltung. Wenn es so weit ist, dass die ersten Bienen Einzug bei dir gehalten haben, benötigst du Zeit, dein Bienenvolk kennenzulernen. Zwei bis drei Mal in der Woche solltest du Besuche bei deinen Bienen einplanen, um zu schauen, wie es dem Bienenvolk geht und ob es

Zu zweit geht die Arbeit mit den Bienen leichter von der Hand.

HONIG SICHER WEITERGEBEN

Beachte!
Honig ist ein Lebensmittel und muss deshalb hygienisch und sicher gehandhabt werden. Die sogenannte Honigverordnung listet auf, welche qualitativen Ansprüche Honig erfüllen muss, damit er in den Verkauf gehen darf.

sich vergrößert. Die Arbeitsspitzen für die Bienenpflege liegen im Frühjahr und Sommer. Im Hochsommer haben die Bienen ihren Nachwuchs großgezogen und in diesem Zeitraum liegt für dich die Honigernte. Erst dann lässt sich abschätzen, wie hoch der Honigertrag wirklich ist und wie viel Zeit du benötigst, um ihn zu verarbeiten. Auch Nebenprodukte der Bienen lassen sich mit Bienenwachs, Pollen bei Landbienen und Gelée Royale gewinnen. Im Winter hast du deutlich weniger Aufwand mit deinen Bienen.

Honigbienen und Wildbienen, zu denen über 500 Arten gehören, sind eng miteinander verwandt. Honigbienen sind Nutztiere des Menschen und Abkömmlinge wilder, staatenbildender Bienenarten. Weil die Bienen von Menschen gehalten und gepflegt werden, betrifft das Bienensterben, von dem heute oft gesprochen wird, nicht in erster Linie die Honigbienen, sondern die heutigen solitär lebenden Wildbienen, zu denen auch Hummeln gehören.

MEHR BLÜTEN BIETEN

Wenn du zu Hause Bienen hältst, solltest du dafür sorgen, dass du ein zusätzliches Blühangebot im Garten schaffst, denn die Honigbienen machen den wilden Arten Nahrungskonkurrenz. Weil Streuobstwiesen, artenreiche und unaufgeräumte Waldränder, Brachen und Wildwiesen immer weiter verloren gehen, sind der Wohnraum und das Nahrungsangebot der Wildbienen zusätzlich bedroht. Mit einem Insektenhotel und einer Totholzhecke im Garten schaffst du den Wildbienen und Hummeln außerdem Lebensraum. Einmal angesiedelt, lassen sich Wildbienen und Honigbienen selbst auf begrünten Balkons hervorragend beobachten.

SYMPATHISCHE FAMILIE SUCHT GRÖSSERES ZUHAUSE

Dein Bienenvolk wächst über das Jahr aus einem sogenannten »Ableger« aus ungefähr drei Brutwaben zu einem stolzen Staat von 10.000 bis

Fleißig wie ein Bienchen: Bienen belohnen deinen Einsatz mit jeder Menge Honig.

15.000 Arbeiterinnen und der Königin heran. Du musst den Bienen nach und nach mehr Wohnraum durch das Aufsetzen weiterer Zargen schaffen. Anderenfalls würde das Volk beginnen, sich zu teilen, um zu schwärmen und einen anderen Standort zu finden.

Bienen produzieren den Honig nicht für uns Menschen, sondern als Nahrung für ihren Nachwuchs. Wenn du den Bienen etwas von ihrem Honig wegnimmst, musst du es durch bestimmte Ersatznahrung substituieren. In manchen Jahren, besonders wenn das Frühjahr kühl ausfällt, ist ebenfalls eine Gabe Ersatznahrung fällig.

ERFOLGREICHE CO-REGENTSCHAFT

Alle Bienenvölker altern naturgemäß und sterben aus. Eine Aufgabe der Imkerin ist es deshalb, das Volk bei der Vermehrung zu unterstützen, um es zu erneuern. Von einem bestehenden Volk musst du dazu Ableger bilden, aus denen neue Staaten heranwachsen.

Milben und bestimmten Mottenarten parasitieren Bienenvölker, und auch dem musst du zuvorkommen, indem du regelmäßig Waben entnimmst und die Bienen dadurch zum Bau neuer, frischer Waben anregst.

VORAUSSETZUNGEN FÜR DIE BIENENHALTUNG

Prinzipiell kann und darf jeder und jede Bienen halten, der oder die vor den emsigen Fluginsekten und deren Stichen keine Angst hat. Nicht allergisch gegen ihre Stiche zu sein, ist natürlich auch eine nützliche Grundvoraussetzung, wobei sich Allergien gegen Bienenstiche manchmal erst später im Leben entwickeln. In manchen Bundesländern müssen neue Bienenkästen beim Veterinäramt angemeldet werden. Informationen darüber geben Imkereiverbände.

Bienenkästen darf man rechtlich gesehen in jedem Privatgarten aufstellen. Bedenke aber, dass manche Nachbarn den gestreiften Flugtierchen nicht so aufgeschlossen gegenüberstehen könnten wie du. Die Aussicht auf ein Gläschen Honig bei geglückter Ernte kann manchen Nachbarn besänftigen.

Natürlich haben auch Bienen Hunger. Vom Vorfrühling bis zum Vollherbst im Oktober sammeln sie Nektar und Pollen für sich und die Bienenbrut. Sie brauchen deshalb über diese Monate hinweg ein vielfältiges Angebot an Blühpflanzen in ihrer Umgebung, gerne auch Obstbäume und ein üppiger Blühstreifen aus ungefüllten Blüten. Eine Streuobstwiese oder Nachbargärten mit einem Blühangebot in der Nähe werden von den Bienen bis auf drei Kilometer weit angeflogen.

WAS KOSTET DER EINSTIEG IN DIE IMKEREI?

Bienen zu halten ist zu Anfang mit einer Investition verbunden, die du über den Verkauf von Honig, Wachs und anderen Bienenprodukten bald wieder einholen kannst. Rechne mit ungefähr 1500 Euro für den Start in die Imkerei. Darin enthalten sind Kosten für den Bienenstock, zwei Bienenvölker, Bienenbehausungen, einen Imkeranzug und eine Imkerpfeife samt Tabak, sowie Zubehör zur Pflege der Waben und zur Gewinnung des Honigs. Auch für die Tiere entstehen Kosten durch Medikamente. Die Einstiegskosten lassen sich durch gebrauchtes Zubehör gut senken. Die Anschaffung einer teuren Honigschleuder kannst du sparen, wenn du deinen Honig im Imkerverein schleuderst.

FRÜHSOMMER

Überblick:
Was liegt an?

1.
KRÄUTER UND OBST PFLEGEN

2.
HARDWARE CHECKEN

3.
APFELWICKLER BEKÄMPFEN

4.
TOMATEN KULTIVIEREN

5.
SÄEN UND ERNTEN

Der kurze Frühsommer von **Ende Mai bis Mitte Juni** lässt dich Obstbäume und Hardware checken.

VORZIEHEN

Die Monate der Voranzucht liegen jetzt hinter dir. Allenfalls bieten sich immer noch Salate, Bohnen, Kohlsorten und Fenchel an, vorgezogen zu werden. Sie stehen dann Schlange für die in den nächsten Wochen abgeernteten Beete.

AUSSÄEN

Die Reihe der Aussaaten reißt im Frühsommer nicht ab. Weil es nicht mehr friert, können jede Menge Gemüsesorten direkt im Freiland gesät werden. Spinat, Pflück- und Schnittsalate, Stangensellerie, Fenchel, Mangold, Endivien, Rote Beete, Möhren, Busch- und Stangenbohnen, Grünkohl, Kohlrabi, Chinakohl, Palmkohl, Zuckerhut, Radicchio, Erbsen und Zuckermais finden jetzt ein Plätzchen an der Sonne im Freiland. Achte bei den Stangenbohnen darauf, dass du eine stabile Rankhilfe aus Spalieren oder Stangen direkt mit ins Beet steckst. Später im Jahr kannst du die Pflanzen mit Juteschnüren ein wenig festbinden. Zwischen die Reihen kannst du immer wieder Radieschen einsäen und vier bis acht Wochen später ernten. **Kräuter**: Dill, Petersilie, Basilikum, Koriander, Kerbel, Boretsch, Majoran und Bohnenkraut.

PFLANZEN

Tomaten, Gurken, Melonen, Kürbis, Paprika und Zucchini können unbesorgt in den Garten umziehen, Kohlsorten wie Grünkohl, Blumenkohl, Rosenkohl und Kohlrabi können als Jungpflanzen gepflanzt werden. Stecklinge mediterraner Kräuter, wie Thymian, Majoran oder Oregano, die in den letzten Wochen im Haus gut angewurzelt sind, finden jetzt auch einen Platz in deinem Kräuterbeet.

ERNTEN

Aus dem Gewächshaus erntest du im Frühsommer Himbeeren, Salate, Tomaten, Wirsing, Zucchini.

Im Freiland kann Spargel gestochen werden und kommt zusammen mit den frischen Frühkartoffeln auf den Tisch. Die ersten Hülsenfrüchte sind reif, ebenso Blumenkohle und Brokkoli. Knackige junge Möhren sind erntebereit und zarte Salate.
Spinat solltest du jetzt ernten, denn er schießt bei aufkommender Wärme sehr schnell und wird dann ungenießbar. Wenn du Zwiebeln geschickt zweiwöchentlich gestaffelt gesetzt hast, kannst du davon bereits welche ernten. Die Ernte des Rhabarbers geht im Frühsommer in die letzte Runde. Optionale Nachfolger für abgeerntete Beete sind im Frühsommer Blumenkohl, Brokkoli, Kohlrabi oder Fenchel. Salate wie der frische Eissalat, der herbe Radicchio und die aromatischen Endivien dürfen nun gern ins Freie.

SONSTIGES

Sonnenblumen, von denen du später im Herbst die Samenkerne ernten kannst, dürfen ebenfalls im Frühsommer ins Freie.

SCHOSSFESTEN SALAT SÄEN

Schossfesten Salat säen: Jetzt noch Salat zu säen, ist durchaus möglich. Achte aber darauf, schossfeste Sorten zu wählen, denn die meisten Salate blühen bei Hitze auf und können dann nicht mehr gegessen werden. Ein Hinweis auf Schossfestigkeit findet sich auf der Samentüte. Weitere Blattgemüse, die im Frühjahr gesät werden können, sind Rucola, Mangold und Pak Choi, die in grünen und roten Sorten angeboten werden.

Allgemeine Gartenarbeiten im Frühsommer

Wenn der Frühling fast vorbei, aber der Sommer noch nicht ganz da ist, blühen die vielfältigen Ähren der Gräser in den Wiesen und der duftende Weißdorn in den Hecken. Die ersten Süßkirschen röten sich an den Bäumen und weitere Erdbeersorten

Der Frühsommer liegt zwischen Ende Mai bis Mitte Juni und gönnt dir im Garten eine kleine Verschnaufpause, die sich perfekt eignet, entspannt letzte Saaten für eine Ernte bis zum frühen Herbst zu legen und wärmeliebende Nachzügler aus der Voranzucht ins Freiland zu bringen. Mit Frösten musst du jetzt endgültig nicht mehr rechnen. In der Zwischenzeit haben die Pflanzen an Wurzelwachstum unterirdisch gut zugelegt und schießen nun oberirdisch in die Höhe. Der Frühsommer ist auch eine gute Zeit, sich um die Hardware im Garten zu kümmern, bevor es richtig heiß wird. Wenn du das Glück hast, ein Gewächshaus zu besitzen, kannst du von dort die Überwinterungsgäste wie Zitronenbäume und Olivenbäume ins Freie holen. Im nächsten Monat kommen die Bäume dann zur Blüte und werden von Hummeln und Bienen bestäubt.
Die letzten vorgezogenen Gemüsepflanzen aus dem Gewächshaus bekommen im Frühjahr ihren

Im Frühsommer werden die ersten Beeren reif. Auch die aromatischen Jostabeeren gehören dazu.

endgültigen Platz an der Sonne. Die frei gewordenen Flächen dort können dann erneut mit verschiedenen Aussaaten von Spätsommer- und Herbstgemüse aufgefüllt werden.
Im Juni kann es noch mal ordentlich regnen, bevor der Hochsommer mit trockeneren Tagen Einzug hält. Der durchtränkte Boden und die milden Tage locken auch das Unkraut weiter hervor. Eine Runde Jäten tut deinen Beeten jetzt gut. Spätestens am Ende des Frühsommers sind längere Regenperioden meist vorbei und die Erde speichert das Regenwasser noch einige Zeit. Wenn der Frühsommer warm ausfällt, solltest du jetzt schon daran denken, dein Obst und dein Gemüse regelmäßig zu gießen und den Boden immer wieder zu hacken, damit Luft und Wasser eindringen kann.

KRÄUTER PFLEGEN

Um jetzt im Frühsommer einen schönen kompakten Wuchs von Lavendel und Thymian zu erzielen, kannst du die Pflanzen mit einer scharfen Gartenschere in Form schneiden. Deinen Rosmarin kannst du ebenfalls ein wenig auslichten.
Wenn sich das erste Kartoffelgrün zeigt, kannst du deine Kartoffeln anhäufeln. Dies machst du, indem du die Kartoffelblätter mit Erde bedeckst. So werden weitere Kartoffelknollen gebildet.

OBSTPFLEGE

Der Frühsommer ist eine gute Zeit, um dein Kernobst, also Äpfel, Birnen, Quitten, Mispeln und Hagebutten auszulichten, damit die Äste im Hochsommer nicht zu schwer werden und brechen, wenn das Obst reif wird. Pro Astmeter können ungefähr zehn Früchte verbleiben. Den Baum auszulichten trägt dazu bei, dass die Früchte größer und saftiger werden, denn der Baum hat dann Kraft, diese wenigeren Früchte zu ernähren.
Die Rasenflächen sind mittlerweile wieder so hoch geworden, dass du sie mähen musst.
Den Rasenschnitt kannst du dazu verwenden, um die Obststämme herum zu mulchen. Das hält die Feuchtigkeit im Boden und die Zersetzung des Rasenschnittes düngt obendrein noch deinen Baum.

Giersch gilt als hartnäckiges Gartenunkraut.
Da hilft nur eins: aufessen.

Wenn man Thymian vor der Blüte zurückschneidet, ist er aromatischer.

Bei Quitten reicht es, sie alle 2-3 Jahre zu schneiden.
Jetzt ist der perfekte Zeitpunkt.

Wege zwischen den Hochbeeten machen sie mit der Schubkarre gut erreichbar.

An den schwarzen Frasslöchern erkennt man, dass hier ein Apfelwickler sein Unwesen treibt.

Neben einem Ring aus Wellpappe um den Stamm können auch Pheromonfallen gegen den Schädling helfen.

HARDWARE CHECKEN

Die wenigen Wochen des Frühsommers vergehen im Nu und es ist bald Zeit, vermehrt zu gießen. Checke darum jetzt noch deine Bewässerungsanlage, die Gartenschläuche und Anschlüsse, deine Regentonnen und Dachrinnen und auch deine Gießkannen. Besorge Ersatzteile und bessere aus, wo es nötig ist. Wenn du Sommerurlaub geplant hast, ist es vielleicht vonnöten, frühzeitig eine Urlaubsvertretung zum Gießen zu organisieren. Reinige auch das leer gewordene Frühbeet oder Gewächshaus und kontrolliere, ob deine Wege noch immer gut gangbar sind, vor allem, wenn du die Schubkarre schiebst.

APFELWICKLER BEKÄMPFEN

Im Juni beginnt der Apfelwickler, seine Eier auf den sich entwickelnden Früchten von Äpfeln abzulegen. Auch Aprikosen, Pfirsiche, Pflaumen, Kirschen und Nüsse können betroffen sein.
Die nur zwei Millimeter kleinen Raupen bohren sich in die jungen Früchte und fressen sie die Saison über von innen auf, wodurch das Obst vorzeitig vom Baum fällt oder von innen fault.
Apfelwickler können für große Ernteausfälle verantwortlich sein. Wenn du nur einen oder kleine Obstbäume hast, kannst du die kleinen Apfelwicklerraupen in diesem frühen Stadium noch entdecken und absammeln.
Die Raupen verlassen ab Ende Juni die zerfressenen Früchte wieder, um sich in Verstecken in der Erde oder in der Rinde zu verpuppen. Im Frühjahr kehren sie auf den Baum zurück, um weiterzufressen. Ein Ring aus einer zehn bis zwanzig Zentimeter hohen Wellpappe, den du einfach um den Stamm legst und mit Draht befestigst, dient als Falle für die Puppen. Auch Baumpfähle sollten auf die gleiche Weise mit der Pappe umwickelt werden. Im Vollherbst kannst du die Pappringe dann mitsamt den verpuppten Raupen abnehmen.
Da der Apfelwickler einige natürliche Feinde, wie Vögel oder Ohrwürmer hat, kann es durchaus ratsam sein, ein Insektenhotel in der Nähe der gefährdeten Pflanzen zu platzieren.

Exkurs: Tomaten pflanzen und pflegen

Rote Murmel, Tigerella, Goldene Königin, Ochsenherz oder Limetto – Tomaten gibt es in unzähligen Formen, Farben und Größen. Das aus Südamerika stammende, rankende Fruchtgemüse zählt zu den beliebtesten Gemüsen überhaupt.

Als Soße, Suppe, Schmorpfanne, überbacken oder als Rohkost verspeisen die Deutschen jährlich 27 Kilo der schmackhaften Früchte. Dabei stammen die Tomaten meist aus Treibhäusern oder werden vorreif geerntet und aus südlichen Ländern zu uns gebracht. Weitere Probleme betreffen die Arbeitsbedingungen, den Einsatz von Pestiziden, den Wasserkonsum in ohnehin trockenen Regionen und auch Folienhäuser im Salzwasserklima, was Müll ohne Ende bedeutet. Weitaus aromavoller und Co_2-neutral geht es zu, wenn du die Pflanzen selbst anbaust. Der Tomatenanbau gelingt auch Anfängern und macht Spaß, weil mit wenig Know-how ein schöner Ertrag erzielt werden kann. Tomaten gedeihen in Kübeln, im Hochbeet und im Freiland. Für Balkonkästen gibt es kleine Sorten. Es ist auch reizvoll, sich nach alten, regionalen oder historischen Tomatensorten umzusehen, die oft interessante Färbungen aufweisen und einen besonderen Geschmack haben.

Das Düngen, Hochbinden und Ausgeizen wird schnell zur Gartenroutine und wird dir bald ganz nebenbei von der Hand gehen.

Die Stärksten überleben: In die Anzuchttöpfchen kannst du mehrere Samen geben und später selektieren.

Durch das Ausgeizen erhältst du kräftigere Pflanzen und Früchte.

DER STANDORT

Tomaten sollten sonnig, trocken und windgeschützt stehen, damit sich typische Tomatenkrankheiten wie die Braunfäule und verschiedene Pilzerkrankungen nicht ausbreiten können. Damit sind sie ideale Balkonbewohner. Für das Freiland gibt es spezielle Tomatenhäuser zu kaufen. Das sind einfache Pavillons oder Lauben, die du mit etwas Geschick auch selbst bauen kannst. Alternativ kannst du auch nach Freilandtomatensorten Ausschau halten, die Regen gut vertragen. Dazu gehören manche Wildtomatensorten.

TOMATEN SÄEN

Ab März kannst du die Tomatensamen in Anzuchttöpfe mit nährstoffarmer Anzuchterde geben, dünn bedecken, leicht andrücken, angießen und an einem warmen Ort keimen lassen. Vergiss nicht, die Erde gleichmäßig feucht zu halten. Bei 20 bis 24 Grad zeigen sich nach zehn bis vierzehn Tagen die kleinen Pflänzchen. Damit sich die Wurzeln der Pflanzen nicht in die Quere kommen, solltest du sie nach drei Wochen pikieren und in größere Anzuchttöpfe geben. Die Tomaten können am Ende des Vollfrühling oder Frühsommer nach den letzten Frösten ins Freiland umgesiedelt werden. Wer sich die Tomatenanzucht sparen möchte, erhält im Fachhandel Jungpflanzen, die ebenfalls nach den Eisheiligen ausgepflanzt werden müssen.

EXKURS UMAMI

Tomaten enthalten einen natürlichen Geschmacksverstärker, der für die Geschmacksrichtung »herzhaft« verantwortlich ist. Bekannt ist dieser Geschmack auch mit seiner japanischen Bezeichnung umami. Umami findet sich hauptsächlich als Umwandlungsprodukt von Proteinen in tierischen Produkten, wie zum Beispiel Käse, Schinken, Ei, Muscheln oder Thunfisch. Auch bei der Fermentation von Getreide und Bohnen entstehen Glutamate. In unverarbeitetem Gemüse ist Glutamat selten oder in sehr geringen Mengen enthalten. Tomaten bilden eine Ausnahme. Sie nehmen es im Glutamatgehalt locker mit vielen Fleischsorten auf, was sie besonders reizvoll für Menschen macht, die sich ohne tierische Produkte ernähren möchten.

Dein Tomatenbeet solltest du schon im Herbst mit reichlich Kompost vorbereitet haben, denn Tomaten sind Starkzehrer.

KEIN GEIZ BEIM AUSGEIZEN

Auf gut gedüngtem Boden entwickeln Tomaten reichlich grüne Blätter. Die Pflanze sollte allerdings nicht zu groß werden. Du musst sie in regelmäßigen Abständen ausgeizen, damit der Wuchs übersichtlich bleibt. Die Tomaten wachsen besonders im Frühsommer fleißig und bilden immer neue Triebe, die sogenannten Geiztriebe. Diese Triebe wachsen in den Blattachseln der Tomatenpflanze, oberhalb eines Seitentriebes. Sie sollten mit Daumen und Zeigefinger vorsichtig ausgebrochen werden, damit die Pflanze übersichtlich bleibt und ihre Kräfte für die Ausbildung großer saftiger Tomaten reserviert, statt für viele Triebe und Blätter. Tomaten solltest du ab Frühsommer bis in den Herbst hinein regelmäßig auf solche konkurrierenden Nebentriebe kontrollieren. Das Ausgeizen der Tomatenpflanze hat den weiteren Vorteil, dass sich zwischen den lichteren Blättern weniger Feuchtigkeit stauen kann. Das ist eine gute Prävention gegen typische Tomatenkrankheiten wie Braunfäule. Auch die Blüten der Pflanzen sollten ein wenig gemanagt werden. Bis zu sieben Blütenstände können zu Ende reifen. Alle anderen darfst du einfach abzwicken oder abschneiden.

DAS WACHSTUM UNTERSTÜTZEN

Tomatenpflanzen werden schwer und üppig und benötigen eine Rankhilfe, an der sie im Verlauf ihres Wuchses festgebunden werden.
Die Pflanzen und Früchte brauchen viel Sonne und Wärme, sie sollten möglichst so stehen, dass sie täglich sechs Stunden Sonne bekommen. Ab Sommer, meist aber erst im Spätsommer, sind die Tomaten reif. Sie lassen sich dann ganz leicht von den grünen Stängeln brechen.
Tomatenpflanzen profitieren von einer Mischkultur. Basilikum, Buschbohnen, Kapuzinerkresse, Knoblauch, Sellerie und Spinat sind gute Beetpartner für die Pflanzen. Weniger geeignet sind Erbsen, Fenchel und Kartoffeln.

Tomatenpflanzen können schwer werden und abknicken. Binde die Pflanzen deshalb immer an.

VORSICHT GIFTIG!

Unreife grüne Tomaten enthalten das Gift Solanin und sind unbekömmlich. Sie können aber auf der Fensterbank nachreifen oder zu leckeren Spezialitäten verarbeitet werde. Das Gift reduziert sich bei der Verarbeitung ein wenig und st in Maßen genossen nicht schädlich. Herstellen lassen sich Marmeladen, Chutneys und Pickles.

Hühner halten

Picken, gackern, gurren, scharren, flattern, krähen – zweifellos, Hühner bringen Leben in den Garten.

Die Haltung von Hühnern bringt diese Erfahrung in besonderer Qualität mit sich. Zu sehen, wie ein Küken schlüpft, wie es sich aus einem flaumigen gelben Ball zu einem Mini-Dinosaurier entwickelt, es zu pflegen und zu füttern und die kleine Hühnerschar zu beobachten, ist eine Quelle der Zufriedenheit. Wenn als Nebeneffekt aus deiner glücklichen Hühnerhaltung für dich auch noch leckere Eier abfallen, ist es umso schöner.

GUTE VORBEREITUNG

Hühnerhaltung macht viel Spaß und nicht viel Arbeit. Bevor die gefiederten Damen samt ihrem Herrn bei dir einziehen können, musst du dir aber einige Gedanken machen. Das beginnt beim Platzbedarf. Für eine kleine Hühnerschar findet sich im Garten allemal ein Plätzchen. Wenn du die Hühner halten möchtest, um dich und deine Familie mit Eiern selbst zu versorgen, musst du mit drei Hühnern pro Person rechnen. Ein Hahn ist kein Muss, tut den Hennen aber als Herdenoberhaupt gut. Im Frühsommer ist ein guter Zeitpunkt, um dir deine ersten Hühner zuzulegen.
Du kannst zwar eigentlich das ganze Jahr über Hühner kaufen, aber wenn die Temperaturen mild und warm sind, haben du und die Tiere es leichter, sich an die neue Situation zu gewöhnen.

EIN GEFIEDERTER PATRIARCH – DER HAHN IM KORB

Der Hahn sorgt mit lautem Krähen für echtes Countryfeeling in der Nachbarschaft. Nicht jedem urbanen Anrainer gefällt diese Stimmung. Zum Krähgebahren der Hähne gibt es mittlerweile Dutzende Gerichtsurteile, fast alle mit demselben Fazit: Das Kikeriki ist für Anwohner zu dulden. Das Krähen ist dabei rasseabhängig. Du findest Dauerkräher, Morgenwecker und manche Rassen krähen so gut wie gar nicht. Beim Kauf deiner Hühner kannst du dich über das Krähverhalten deines Wahlhahns informieren.
Für dich selbst ist es etwas mehr als Geschmackssache, ob du einen Hahn halten willst. Wenn du lediglich die Eier der Hühner essen und keinen Nachwuchs haben möchtest, ist ein Hahn eigentlich unnötig. Der Hahn ist aber ein echter Patriarch und erfüllt in der Herde wichtige Aufgaben. Sein Krähen beschützt die Herde vor Angreifern aus der Luft. Außerdem hat sein Stolzieren durch die Schar eine beruhigende Wirkung auf die Hennen. Sie werden leichter führbar. Hühner sind sehr soziale Lebewesen, bei denen es mitunter zu Streitigkeiten um Futter oder den Platz in der Hackordnung geht. Der Hahn im Korb wirkt auch auf diese Dynamik regulierend. Ältere Hähne bringen einen größeren Erfahrungsschatz im Führen der Hennen mit und können dir Arbeit erleichtern, wenn es um die Erziehung der Junghennen geht.

... HAB ICH DANN VIEL ZU TUN?

Den Hühnern bei ihren munter ruckelnden Gängen durch den Garten zuzuschauen, ihre verschiedenen Charaktere und ihre Interaktion zu beobachten, ist mehr Freude als Arbeit. Aber die Tiere müssen natürlich auch gefüttert und der Stall gereinigt werden. Dabei ist die Größe der Schar nicht so ausschlaggebend. Ob du vier oder acht Hennen und einen Hahn hältst, macht im Pflegeaufwand keinen großen Unterschied. Morgens musst du deine gefiederten Freunde aus dem Stall lassen und abends musst du sie einsammeln und den Stall verschließen. Das ist nicht viel Arbeit, aber bindet dich ein wenig. Wenn die Hühner erzogen sind, gehen sie zum entsprechenden Zeitpunkt oft selbst zum Stall. Eine elektronische Türautomatik mit Zeitschaltuhr kann dir den Pfortendienst abnehmen. Einmal in der Woche solltest du das Kotbrett reinigen, das unter der Sitzstange im Stall angebracht ist. Frisches Wasser und Futter musst du deinen Hühnern täglich geben. Einmal im Monat ist eine Reinigung des Stalles fällig.
Hühner in Hobbyhaltung müssen gegen eine Reihe von Geflügelkrankheiten geimpft werden. Wer dies unterlässt, muss mit einem Bußgeld rechnen. Zum Tierarzt musst du mit den Tieren aber nicht, denn das Impfen der Hühner erfolgt unkompliziert über ihr Trinkwasser. Der Impfstoff geht nicht in die Eier über.

WIE VIEL PLATZ BRAUCHT EIN HUHN?

Als Faustregel gilt: Ein Huhn benötigt zehn Quadratmeter im freien Auslauf. Dazu kommt ein Stall, der fünf Hühner pro Quadratmeter beherbergen kann. Zwerghühner sind niedlich anzusehen und brauchen etwas weniger Platz. Ein größerer Stall kommt nicht nur deinen Hühnern, sondern auch dir zugute, weil du dich darin beim Saubermachen besser drehen und wenden kannst.

Seidenhühnern wird ein harmonisches Wesen zugeschrieben,was sie perfekt für Anfänger macht.

Hühner fressen nicht nur Körner und Würmer, sie mögen auch Obst und Kräuter.

Hühner nutzen ihren Stall vorwiegend in der Nacht zum Schlafen oder wenn sie brüten. Zur Inneneinrichtung des Stalls gehören Sitzstangen und Nester genauso wie der Zugang zu frischem Wasser und Körnerfutter. Tagsüber sind die Tiere in der Regel draußen. Wind und Wetter machen Hühnern auch im Winter nichts aus. Eine leichte Dämmung des Hühnerstalls kann aber dennoch von Vorteil sein, damit sich das Hühnerhaus bei starker Sonneneinstrahlung nicht zu stark erhitzt. Hühner brauchen viel Sonnenlicht, damit sie gesund bleiben. Eine windgeschützte, zugluftfreie Lage des Stalls mit einer Ausrichtung der Fenster nach Süden oder Südosten ist ideal. Ein wenig lichter Schatten durch Obstbäume oder andere Laubbäume gefällt den pickenden und scharrenden Vögeln im Außenbereich.

Bedenke, dass Hühner keinen Sinn für deine Gemüse- oder Blumenbeete haben. Sie picken mit Vorliebe gerade dort gern, wo du frisch gegraben oder gesät hast. Zudem sind aber auch die Hühner selbst einigen Gefahren ausgesetzt. Haustiere wie Hunde und sogar Katzen können deinen Hühnern gefährlich werden. In vielen Gegenden sind auch Marder, Füchse, Habichte und Bussarde eine Gefahr für deine Hühner und ihren Nachwuchs. Es kann sinnvoll sein, den Hühnern eine Voliere, also ein mit einem Maschendraht überdachtes Außengehege zu bauen. Wenn du allerdings keine Sorge vor Fressfeinden hast, reicht zum Schutz für deine Beete ein mindestens 1,5 Meter hoher Zaun.

HÜHNERRETTUNG

Manche Vereine kaufen geschädigte Hennen aus tierfeindlichen Legebatterien und geben sie gegen eine Spende an tierliebe Menschen weiter, welche den meist gerupften, verletzten und psychisch kranken Tieren ein artgerechtes restliches Leben ermöglichen. Die geretteten Hennen sind frei von ansteckenden Krankheiten und geimpft. Anfänger könnten von einem solchen, geretteten Huhn zurückschrecken, weil es etwas höhere Ansprüche an Futter und Wärme hat als ein herkömmliches Rassehuhn. Der Pflegeaufwand lohnt sich aber allemal, wenn man Schritt für Schritt beobachten kann, wie die Tiere sich zu sozialisieren lernen, das Gefieder wieder schön und dicht und das Tier vital wird.

WO KANN ICH HÜHNER KAUFEN?

Um deine Hühnerschar zusammenzustellen, gibt es mehrere Wege: In ländlichen Gebieten finden in regelmäßigen Abständen Kleintier- und Geflügelmärkte statt. Dort kannst du aus einer Auswahl an Rassehühnern das passende Huhn für dich auswählen. Achte darauf, dass die Tiere gesund sind. Das erkennst du an einem dichten, glänzenden Gefieder, einem hellroten Kamm und klaren

Verschiedene Hühner, verschiedene Eier – von Weiß über Rot und Blau bis Braun ist alles möglich.

Augen. In der Regel erhältst du mit den Hühnern auch ein Gesundheitszeugnis. Private Züchter oder Hühnerhalter, die ihren Nachwuchs abzugeben haben, sind ein weiterer Weg zum Hühnerglück. Du kannst sie über das Internet oder einen Geflügelzuchtverein ausfindig machen. In einem großen Karton mit Luftlöchern werden die Tiere nach Hause gebracht. Möglichst kurze Transportwege bedeuten minimalen Stress für die Hühner.

BUNTE AUSWAHL

Es gibt in Europa über zweihundert Hühnerrassen in allen Farben, Formen, Größen und Preisklassen. Anfängerhühner sollten möglichst zutraulich und pflegeleicht sein. Zudem spielt es bei der Auswahl der Rasse eine Rolle, ob du die Tiere auch schlachten möchtest oder nur an den Eiern interessiert bist. Zwischen zehn und dreißig Euro liegen die Preise für herkömmliche Anfängerhühner. Für spezielle Rassen geben Liebhaber schon mal mehrere hundert Euro aus. Hähne sind oft günstiger, hin und wieder bekommt man einen Hahn sogar geschenkt dazu.

Muss ich Hühner anmelden?

Hühner gelten als Kleintiere und ihre Haltung muss von daher nicht genehmigt werden. Auch Ställe, sofern sie nicht fest gemauert sind, können jederzeit im eigenen Garten aufgestellt werden. Eine kurze Absprache mit den Nachbarn, insbesondere wenn auch ein Hahn gehalten wird, kann sinnvoll sein. Hühner müssen, um die Verbreitung gefährlicher ansteckender Vogelkrankheiten nachzuverfolgen, beim zuständigen Veterinäramt und der Tierseuchenkasse angemeldet werden. Das kostet meist eine kleine Bearbeitungsgebühr von wenigen Euro.

Was fressen Hühner?

Die Hühner, die wir als Nutztiere halten, stammen von waldlebenden Wildhühnern ab, die durch Scharren im Boden Insekten, Würmer und Spinnen

Damit sie sich wohlfühlen, brauchen deine Hühner einen Stall. Du kannst ihn fertig kaufen oder selber bauen.

ausfindig machen. Des Weiteren ernähren sie sich von Samen, Wurzeln und Jungpflanzen. Ganz ähnlich sollte auch die Nahrung zusammengesetzt sein, die du deinen Hühnern anbietest. Grundlage für die Hühnerernährung ist Getreide, darunter Weizen, Gerste, Roggen, Leinsamen und Hafer. In ihrem Außengehege finden sie, was sie an tierischer Nahrung benötigen. Saubere, schimmel- und fäulnisfreie Gemüsereste und Kartoffelschalen bietest du ihnen an. Eiweißreicher Mais und Erbsen, Samen von Kräutern, frische Kräuter, Klee, Brennnesseln und frischer Grasschnitt – das alles kann Hühnern darüber hinaus zum Fressen gegeben werden. Gekochte Nudeln, Kartoffeln oder Reis sind gut für den Magen-Darm-Trakt der Hühner, dürfen aber auf keinen Fall gewürzt oder gesalzen sein.

Überblick: Was liegt an?

1. **REGELMÄSSIG GIESSEN**
2. **WINTERGEMÜSE VORZIEHEN**
3. **JUNGE KOHLPFLANZEN INS FREILAND AUSPFLANZEN**
4. **OBSTBÄUME AUF KRANKHEITEN UND SCHÄDLINGE CHECKEN**
5. **SÄEN UND ERNTEN**

Kühle Getränke für dich und deine Pflanzen: Highlife von **Mitte Juni bis Ende Juli**.

VORZIEHEN

Für eine Voranzucht ist es im Hochsommer zu heiß. Allenfalls Kohl für die Frühlingsernte im Folgejahr lässt sich jetzt schon Vorziehen. Achte auf gutes Wässern in den heißen Monaten, weil Anzuchtbehälter schneller austrocknen.

SÄEN

Nach der Ernte ist vor der Ernte: Im Hochsommer kannst du viel Gemüse ernten und es ergeben sich in den Beeten freie Stellen, die wieder bestückt werden können. Nach Belieben säst du asiatische Blattgemüse, Endivie, Brokkoli, Fenchel, Grünkohl, Herbstrüben, Kohlrabi, Mangold, Möhren, Radieschen, Rote Bete und Salate (z. B.: Rucola, Endivien, Kopf- und Pflücksalat, Zichorien), Spinat, Winterrettich und Frühlingszwiebeln.

Im Hochsommer hast du jetzt die letzte Gelegenheit, noch einmal Buschbohnen und Stangenbohnen auszusäen. Sie haben über den verbleibenden Sommer noch ausreichend Zeit zu reifen, bis du sie im Herbst abnehmen kannst. In den kühleren Monaten bilden sie einen willkommenen Eiweißlieferanten. Es ist im selben Jahr übrigens in puncto Fruchtfolge kein Problem, an die gleichen Standorte die gleichen Pflanzenarten zu säen. Im nächsten Jahr solltest du dann eine andere Kultur anbauen.

Sonstiges: Mais und Möhren nehmen die letzte Ausfahrt in deine Beete in der ersten Hälfte des Hochsommers. Ab Mitte Juli, nach der Sommersonnenwende, kannst du wieder beginnen, Spinat auszusäen. Er ist dann im kühleren Herbst so weit gewachsen, dass er nicht mehr in die Blüte geht.

Pflanzen: An Jungpflanzen bieten sich für das Setzen im Freiland an: Blumenkohl und Brokkoli für die Herbsternte, Grünkohl, Rosenkohl und Rotkohl für die Winterernte, zusätzlich Porree.

ERNTEN

Hochzeit für die Ernte – Tomaten, Stangen- und Buschbohnen, Dicke Bohnen, Zucchini, Pflaumen, Kirschen, Johannis- und Himbeeren, Erdbeeren, Stachelbeeren, frühe Kartoffeln, Rote Bete, Artischocken, Schalotten, Mangold, Rauke, Frühlingszwiebeln, Gurken, asiatische Blattgemüse und Salate, Erbsen, Brokkoli, Fenchel, Knoblauch, Möhren, Kohlrabi, Spinat, Radieschen, Radicchio, Kopfsalat und Stangensellerie.

Jetzt im Hochsommer erntest du den Sommerlauch. Die Stangen treiben ein zweites Mal aus, wenn die Wurzel im Boden verbleibt. Schneide den Schaft bodennah ab, häufle um den verbliebenen Strunk die Erde ein wenig an und wässere vorsichtig. Nach ein paar Tagen beginnt der Lauch aus dem Strunk neu auszutreiben.

Sommerhimbeeren werden nach und nach reif und sollten frisch gegessen, eingefroren oder zu Soßen und Konfitüre verarbeitet werden.

SONSTIGES

Schöne essbare Beigaben auf bunten Salaten sind jetzt die Blüten von Ringelblume, Tagetes, Hornveilchen, Lavendel und Schnittlauch.

Sommerzeit ist Erntezeit: Jetzt werden die ersten Tomaten reif und können gepflückt werden.

Allgemeine Gartenarbeiten im Hochsommer

Die kurze Periode des Hochsommers gönnt dir im Garten eine kleine Pause, je nachdem, wie weit du mit deinen Aussaaten für Herbst und Winter gekommen bist. Die Temperaturen sind jetzt deutlich gestiegen und mit der Sommersonnenwende ist der längste Tag des Jahres erreicht.

In der Luft liegt der süße schwere Duft von Lindenblüten und in den Ziergärten blühen Sonnenhut und Phlox strahlend um die Wette. Von der Hängematte aus kannst du die Roten Johannisbeeren reifen sehen, welche die Zeigerpflanzen des Hochsommers sind. Auch dein Stein- und Kernobst und die Fruchtgemüse reifen langsam heran. Von Mitte Juni bis Ende Juli erstreckt sich diese phänologische Periode. Deine Hauptarbeit besteht jetzt darin, ein Auge darauf zu haben, dass deine Pflanzen gut mit Wasser und Nährstoffen versorgt sind. Eine regelmäßige Lockerung des Bodens sorgt für ein gutes Wachstumsklima. Balkongemüse und Hochbeete solltest du je nach Temperaturlage mehrmals wöchentlich gießen.
Die reifenden Gemüsepflanzen und das Obst möchten von dir im Hochsommer mit einem Schädlingscheck und regelmäßigen Pflanzenjauchegaben zur Stärkung bedacht werden. Sollten in deinem Obstgarten Früchte vorreif von den Bäumen fallen, sammle sie unbedingt ein und entsorge sie über die grüne Abfalltonne – nicht auf dem Kompost –, um Krankheiten und Schädlinge nicht später erneut in den Garten auszubringen.

Behalte deine Beete immer gut im Blick, damit Schädlinge keine Chance haben.

Wer auch im Winter genug zum Ernten haben möchte, sollte jetzt seine Kohlpflanzen setzen.

Für Selbstversorger ist das gesamte Jahr über Erntezeit, aber besonders ab Hochsommer heißt es ernten, ernten, ernten. Und ruf doch die Urlaubsgießvertretung für dein Gemüse noch mal an!

VORZIEHEN

Auch wenn man beim Baumeln in der Hängematte noch nicht wirklich an den kalten Winter denken möchte, ist jetzt im Garten eine gute Zeit, dafür vorzusorgen. Vorkulturen von Winterkohlsorten wachsen geschützt im Haus heran und können Anfang Herbst ausgepflanzt werden.
Wenn du ein Erdbeerbeet hast, wirst du beobachten können, wie die Pflanzen kleine Angeln auswerfen, an deren Enden sich neue kleine Erdbeerpflänzchen bilden. Diese Ableger kannst du jetzt im Hochsommer abnehmen und in Töpfe oder an eine andere Stelle im Beet versetzen.
Übrigens: Überzählige eingetopfte Erdbeerableger ergeben ein schönes Geschenk.

AUSPFLANZEN

Blumenkohl, Brokkoli und Grünkohl, die du bereits im letzten Monat vorgezogen hast, sind am Ende des Hochsommers bereit, ausgepflanzt zu werden. Sie vertragen keine zu große Hitze. Wenn du auf beernteten Beeten pflanzt, bereite den Boden mit einer Gabe Hornspäne oder Kompost auf, denn Kohlsorten sind Starkzehrer und brauchen für ihr Wachstum viel Futter. Kohl wächst langsam.

So sehen die Ausläufer der Erdbeerpflanze aus. Durch sie bekommst du einfach neue Ableger.

Gießen

Im Hochsommer liegen die Wochen, in denen die wenigsten Niederschläge fallen. Deine Pflanzen mit ausreichend Wasser zu versorgen, ist jetzt eine deiner Hauptarbeiten. Mit ein paar Tricks kannst du den Gießkannenmarathon aber kurz halten.

Das beginnt schon mit der Anzucht deines Gemüses. Ziehe die Pflanzen lieber in größeren Anzuchtbehältern an, damit sie genug Platz haben, tiefere und breitflächigere Wurzelsysteme auszubilden. Das wird ihnen helfen, besser anzuwachsen, wenn du sie ins Freiland umsiedelst.

SELTENER ... IST MEHR ... IST MEHR!

Verwöhne die Jungpflanzen nicht zu sehr durch üppiges Gießen. Gieße lieber seltener, aber reichlicher. Das Wasser dringt dann tief in den Boden ein und wird in den folgenden Tagen nach und nach von den Pflanzen aufgenommen. Wenn die Wurzeln sich ein wenig anstrengen müssen, um in die tieferen, feuchten Bodenschichten zu wachsen, ersparst du dir im Sommer viele Kannen Gießwasser. Bei der Einschätzung, ob überhaupt schon wieder gegossen werden muss, hilft dir eine Kratzprobe. Schiebe dazu mit einer Schaufel oder deiner Schuhspitze die obere Erde ein paar Zentimeter zur Seite. Wenn der Boden darunter dunkel und feucht ist, musst du noch nicht gießen.

Gerade im Sommer haben deine Pflanzen besonders viel Durst. Durch cleveres Gießen sparst du Zeit und Wasser.

BESTE GIESSZEITEN

Gieße deine Pflanzen immer dann, wenn die Sonneneinstrahlung nicht so hoch ist. Das frisch gegossene Wasser verdunstet sonst zu schnell, zudem wirken Wassertropfen auf den Blättern wie ein Brennglas und es kann zu Verbrennungen an den Pflanzen kommen.
Abends nach Feierabend ist ein guter Zeitpunkt zum Gießen. Noch besser sind die frühen Morgenstunden, weil die Pflanzenzellen dann am aktivsten Wasser aufnehmen und sich für den Tag auftanken. Du musst nicht besorgt sein, wenn sich großblättrige Pflanzen über Mittag ein wenig hängen lassen. Die Pflanze zieht sich als natürlichen Schutz vor dem Austrocknen zusammen und breitet sich in den Abendstunden wieder aus, wenn die Sonneneinstrahlung nachlässt.

FAUSTREGEL: GIESSE DIE ERDE, NICHT DIE PFLANZE!

Um Verbrennungen zu vermeiden und das Wasser direkt an die Wurzeln zu bringen, ist es wichtig, nicht von oben auf die Blätter zu gießen, sondern das Laub ein wenig beiseitezuschieben und an den unteren Stängelbereich zu gießen. Auch das Mulchen der Beete stellt eine gute Vorsorge zur Wasserspeicherung im Boden dar.
Gieße ohne die Regentülle auf der Gießkanne und dabei langsam, vorsichtig und reichlich. Direkt in den Boden zu gießen vermeidet außerdem Verdunstungsfeuchtigkeit und damit die Ausbreitung von Pilzerkrankungen und Mehltau. Mit der Regentülle wässerst du empfindliche Jungpflanzen. Im Gießwasser werden Nährstoffe im Boden gelöst und gelangen mit dem Wasser an die Wurzeln der Pflanzen. Deshalb ist das Gießen eine gute Gelegenheit, um Dünger auszubringen.

WASSERBEDARF

Durstige Pflanzen	Genügsame Pflanzen
Kürbis	Kartoffeln
Mangold	Knoblauch
Melonen	Rote Bete
Salat	Wurzelgemüse
Tomaten	Weiß- oder Rotkohl
Paprika	Zwiebeln
Zucchini	Mediterrane Kräuter

Durch einen Giessring gelangt das Wasser direkt an die Wurzeln, ohne gleich zu verdunsten.

FEUCHT UND LOCKER

Wenn die Erde verkrustet ist, läuft das Gießwasser oberflächlich ab und gelangt nicht an die Pflanze. Zwischen den Reihen vorsichtig zu hacken, lockert den Boden und ermöglicht, dass das Wasser die Pflanzenwurzeln erreicht. Zudem wird der Boden besser durchlüftet und die Feuchtigkeit bleibt im Boden verfügbar.

Wildkräuter

Jenseits deines Gartens grünt und blüht ein verborgenes Paradies: die heimische Wildnis mit ihren Kräutern und Wildpflanzen.

Ohne Hilfe und züchterischen Eingriff des Menschen, Wind und Wetter ausgesetzt und oft unter Höchstleistungen auf mageren Böden bilden Wildkräuter eine hohe Dichte an ätherischen Ölen, Vitaminen, Mineralstoffen und bioaktiven Pflanzenstoffen aus. Das macht sie zu heimischen Superfoods, oft mit heilsamen Wirkungen. Wildkräuter kennenzulernen und auf langen Spaziergängen zu finden und zu sammeln, ist unglaublich bereichernd, entschleunigend und verbindet dich auf besondere Weise mit der heimischen Natur. Manchmal musst du gar nicht weit laufen, um leckere und gesunde Wildkräuter zu finden. Sie wachsen ganz einfach und inkognito unter dem Namen Unkraut in deinem Garten. Verwenden kannst du die Blüten, Samen, Wurzeln oder Früchte der Wildkräuter und Wildpflanzen auf vielfältige Weise. Frisch oder getrocknet werden sie als Tee aufgegossen, mit Alkohol oder Essig zu Tinkturen verarbeitet, mit denen du dich einreiben oder die du zu dir nehmen kannst, mit Honig zu köstlichem und heilendem Sirup zubereitet oder kulinarisch verwendet in Pesto und Aufstrichen. In Kräuterpfannkuchen oder übers Brot gestreut, im Smoothie oder in selbst aufgegossener Kräuterlimonade: Wildkräuter und Wildpflanzen sind vielseitige Schätze.

Auch die Blüten der Wildkräuter sind eine Bereicherung für die Küche. Wildkräuterblüten von zarten Gänseblümchen, violett blühender Wegwarte und himmelblauer Kornblüte, von würzigen Wilden Salbeiblüten und kugelförmige Blüten von Wildem Lauch, aromatische Dostblüten, zierlicher Gundermann oder liebliche Hundsveilchen und Wildrosen – sie alle bringen sommerlichen Zauber auf Kuchen, Desserts, Bowlen, Kanapees und Salate.

GO WILD!

Ausgestattet mit einem Korb oder Stoffbeutel, einem scharfen Messer oder einer scharfen Schere und einem feuchten Küchentuch aus Baumwolle, um die Kräuter während der weiteren Wanderung und auf dem Nachhauseweg frisch zu halten, kann es losgehen.
Bevor es wild wird, solltest du jedoch auf jeden Fall ein paar Dinge für dich und die Natur im Hinterkopf behalten.

Sammle mit Bedacht

Die Euphorie über so viel natürlichen Pflanzenreichtum und den üppig gedeckten Tisch der Natur ist groß und wächst, je mehr essbare Wildnis du kennenlernst. Aber du bist nicht der einzige Esser. Raupen und Insekten, Wildkaninchen und Rehe – für all diese Tiere stellen Wildpflanzen ihr Grundnahrungsmittel dar. Mache dir also, am liebsten mit dem Wildkräuterrezept in der Hand, Gedanken darüber, was und wie viel du wirklich sammeln möchtest. Natürlich lässt sich ein kleiner Überschuss auch im Kühlschrank ein paar Tage lagern oder einfrieren. Nachhaltiger ist es aber, nur nach Bedarf zu ernten und zur Sammelstelle zurückzukehren, wenn du Nachschub brauchst. Als Faustregel gilt, dass pro Standort nicht mehr als zwei Hände pro Person gesammelt werden sollten.

Bestimmungsbuch oder App mitnehmen

Manche Pflanzen kennst du aus deiner Kindheit ganz genau und unverwechselbar. Andere sind neu für dich und können unbekömmliche oder sogar giftige Doppelgänger haben. Ein Bestimmungsbuch oder eine -App helfen dir, bei deiner Wildpflanzenernte ganz sicher zu sein. Als Wildkräutereinsteigerin kannst du sicherheitshalber zunächst mit drei bis vier Pflanzen beginnen, die du gut kennst, bevor du deine erweiterten Kenntnisse anwendest.

Safety first

Wenn du einen vielversprechenden Standort entdeckt hast, schau dich in der Umgebung ein wenig um. Hundespazierwege und stark befahrene Straßen in der Nähe solltest du bei der Wildkräutersammlung meiden. An Feldrändern oder nahegelegen Beeten sollten keine Pestizide versprüht werden, die auch die Wildkräuter in der Nähe kontaminieren. Und natürlich ist das Sammeln in ausgewiesenen Naturschutzgebieten tabu.

Fuchsbandwurm

Die in unseren Breiten in Wäldern vorkommenden Fuchsbandwürmer verursachen eine schwerwiegende Darmerkrankung mit tödlichen Folgen. Infizieren kann man sich, indem man die im Kot von Füchsen oder Kleinsäugern befindlichen Eier des Parasiten zu sich nimmt. So gefürchtet diese Fuchsbandwurmerkrankung ist, so selten ist sie auch. Jährlich infizieren sich nur zwischen 30 und 40 Menschen in Deutschland mit dem

Wildkräuter wie Bärlauch oder Knoblauchrauke lassen sich einfach im Garten ansiedeln.

ZECKENSCHUTZ

Als Schutz gegen Zecken und Dornen ist lange Kleidung, insbesondere eine lange Hose und festes Schuhwerk ein gutes Mittel.

Fuchsbandwurm. Häufig erfolgt die Übertragung dabei aber über eigene Hunde oder Katzen, sehr selten über den Verzehr von Wildpflanzen. Gegen eine Infektion über Haustiere kann man sich mit regelmäßigen Wurmkuren der Tiere schützen Eine Vorbeugung gegen den Fuchsbandwurm ist beim Wildkräutersammeln sehr gut möglich. Vermeide vor allem das Sammeln von Früchten in direkter Bodennähe. Wenn du Pilze oder Kräuter im Wald gesammelt hast, wasche anschließend gründlich deine Hände. Auch das Sammelgut selbst solltest du vor der Verwendung gut waschen.

KLEINE WILDKRÄUTER TOP 5

Löwenzahn

Woran erkenne ich ihn? Löwenzahn kennst du schon seit deiner Kindheit. Die Blätter sind sattgrün und gezähnt. Aus den leuchtend gelben Blüten entwickeln sich die Pusteblumen mit ihren fluffigen weißen Schirmchen, die sich mit dem Wind verbreiten.

Wo finde ich ihn? Ab dem Frühsommer blüht Löwenzahn goldgelb auf Wiesen, Weiden, an Wegrändern, auf Lichtungen, in Grünstreifen ... einfach überall ...

Was kann man davon essen? Die jungen zarten Blätter des Löwenzahns schmecken im Salat, in der Suppe oder als würziges Brottopping. Im Herbst können die langen Pfahlwurzeln als Gemüse zubereitet werden. Auch die Blüten eignen sich für den Verzehr. 400 Gramm Blüten verwandeln sich mit einem Kilo Zucker, einer Zitrone und einem Liter Wasser eingedickt und am nächsten Tag gefiltert zu einem veganen Honigersatz.

Wie schmeckt er? Löwenzahn schmeckt frischpflanzlich und nussig, mit unterschwellig scharfen Aromen. Ältere Blätter haben bittere Noten.

Wozu ist er gut? Löwenzahn enthält viel Kalium und wirkt entwässernd. Die Blätter sind außerdem reich an Vitamin A, das gut für die Nerven ist. Die Bitterstoffe im Löwenzahn wirken verdauungsfördernd und regen die Leber an. Am besten entfaltet der Löwenzahn diese Wirkung in einem Tee aus Blättern und Wurzeln.

Brennnessel

Woran erkenne ich sie? Unangenehm fällt die Brennnessel auf, wenn du ungeschützt mit ihren Blättern in Kontakt kommst. Die feinen Brenn-

Löwenzahn hat einen schlechten Ruf als lästiges Unkraut, dabei hat er in der Küche viele Verwendungen.

härchen auf den länglich eiförmigen, fein gezähnten Blättern der bis zu 1,5 Meter hohen Pflanze geben eine brennende Säure ab. Brennnesseln wachsen in dichten Gruppen. Sie bilden männliche und weibliche Blüten aus. Die männlichen Blüten tragen rötliche Pollensäckchen und die weiblichen Blüten weiße, fiedrige Blüten, an denen sich essbare Samen bilden.

Wo finde ich sie? Brennnesseln sind Stickstoffanzeiger und wachsen von Frühsommer bis Frühherbst gern an gedüngten Feldrändern, an Teichen und Tümpeln, an Bächen, in Gartenanlagen oder auf Brachen. Achtung beim Sammeln: Brennnesseln sind die Kinderstube für viele Insekten, besonders für die Raupen von Schmetterlingen! Also aufgepasst.

Was kann ich davon essen? Junge Brennnesselblätter können von mutigen Menschen mit der bloßen Hand geerntet werden. Sie brennen anfangs nur schwach. Wenn du sie mit Handschuhen erntest, streiche die Blätter den Stängel entlang von unten nach oben. Das entschärft die Pflanze zuverlässig. Die Blätter der Brennnessel können wie Spinat als Gemüse oder für Füllungen zubereitet oder Salaten und Suppen zugegeben werden. Brennnesselsamen kannst du trocken in der Pfanne rösten und über Salate und Müslis geben.

Wie schmeckt sie? Brennnesselblätter schmecken frisch säuerlich, mit bitteren Unternoten. Die Samen haben einen angenehm nussigen Geschmack.

Wozu ist sie gut? Brennnesseln enthalten Mineralstoffe, Kalzium und Eisen, B-Vitamine, Vitamin C, Vitamin K, Kieselsäure und Carotinoide. Die Brennnessel ist wegen dieser Inhaltsstoffe als Lebensmittel eine wertvolle Bereicherung auf dem Speiseplan. Frisch oder getrocknet als Tee wirken die Blätter krampflösend, entzündungshemmend und harntreibend.

Spitzwegerich

Woran erkenne ich ihn? Seine Blätter sind dunkelgrün, lang und schlank, spitz zulaufend. An den langen kantigen Stängeln stehen die ährenförmigen Blüten, die vom Wind bestäubt werden.

Brennnesseln sind nicht nur zum Düngen gut, sondern auch wahre Vitaminbomben.

Wo finde ich ihn? Spitzwegerich wächst in Wiesen und an Wegrändern. Er lässt sich auch gut in Beeten und Kästen kultivieren.

Was kann ich davon essen? Alle Teile des Spitzwegerichs sind essbar. Besonders finden aber die sehr Vitamin-C-reichen, langen schlanken Blätter in der Küche und als Heilmittel Verwendung. Schneide die Blätter quer mit einer Schere klein und gib sie über Salate. Frischkäse und Kräuterquark bekommen mit der Zugabe von Spitzwegerich eine feine, an Champignons erinnernde Note.

Wie schmeckt er? Spitzwegerich hat ein interessantes Aroma nach frischen Pilzen, was ihn besonders als sommerliches Würzkraut für uns attraktiv macht.

Wozu ist er gut? Spitzwegerich ist ein seit dem Mittelalter genutztes Heilkraut. 2014 wurde er zur Heilpflanze des Jahres gekürt. Seine Heilwirkung besteht in seinen nachgewiesenen entzündungshemmenden, reizlindernden, antibakteriellen, krampflösenden und wundheilenden Eigenschaften, für die in erster Linie Schleimstoffe, Gerbstoffe und Bitterstoffe verantwortlich sind. Husten und Erkältungskrankheiten sowie Verdauungsbeschwerden werden durch eine Einnahme als Tee oder Sirup gelindert. Du kannst die Spitzwegerichblätter auf Insektenstichen verreiben, um den Juckreiz zu stillen. Kleine Schürfwunden schließen sich schneller, wenn sie mit den sauberen Blättern des Spitzwegeriches zugedeckt werden.

Giersch

Woran erkenne ich ihn? Giersch wächst dicht in Gruppen. Du erkennst ihn an den dreizählig wachsenden gezähnten Blättern, die rund-oval sind und leicht spitz zulaufen. Im Frühsommer entwickelt der Giersch hübsche, kleine weiße Blütenblätter.

Wo finde ich ihn? Giersch ist eine genügsame Pflanze, die in schattigen Zonen von Gärten und Parks wächst. Auch an Waldrändern ist er häufig zu finden. Die Pflanze ist ein häufiges Gartenunkraut, das so mancher Gärtner fürchtet.

Was kann ich davon essen? Essbar sind besonders die jungen Blätter. Wenn der Giersch blüht, nehmen die Blätter ein kräftigeres Aroma an und neigen dazu, bitter zu werden. Sie wirken dann in größeren Mengen verzehrt leicht abführend. Um diese Wirkung zu umgeben, können die Blütenaustriebe vor der Blüte entfernt werden. Die Blüten selbst sind ebenfalls essbar und ergeben eine hübsche Dekoration auf Kartoffelsuppe oder dunkelgrünen Salaten.

Wie schmeckt er? Rohe Gierschblätter haben ein angenehmes, kräuterig-nussiges Aroma, das an Petersilie erinnert. Harzige Untertöne machen den Giersch interessant. Gekocht erinnert Giersch an Spinat. Probiere doch einmal einen Salat nach

Genau wie der Spitzwegerich ist auch der Borretsch eine Augenfreude. Die Blüten der Pflanze sind essbar.

Art des marokkanischen Taboulé, mit Quinoa, Salatgurke und Tomate.
Wozu ist er gut? Giersch ist dank seiner wuchsfreudigen Rhizome, die sich unterirdisch stark verbreiten, bei den Gärtnern als lästiges Gartenunkraut in Ungnade gefallen, dabei diente er den Menschen in den Weltkriegen als wichtiger Vitamin-Lieferant. Er wartet mit stolzen 200 Milligramm Vitamin C pro hundert Gramm der Blätter auf. Das ist viermal so viel wie in der gleichen Menge Zitrone. Carotin, Kalzium, Magnesium und Eisen sind ebenfalls in hohen Dosen in den Gierschblättern enthalten. Der Volksheilkunde zufolge lindert Giersch als Teeaufguss Rheuma und Arthritis, er wirkt entgiftend und blutreinigend.

Die süßlich schmeckenden Gierschblüten sind ein hübsches Topping auf Sommersalaten.

Hirtentäschelkraut

Woran erkenne ich es? Hirtentäschel kennst du vielleicht schon aus der Kindheit. An seinem langen, gelblich-grünen Stängel stehen abwechselnd rundherum kleine, herzförmige Samentaschen ab, die dem Kraut seinen Namen gegeben haben.
Wo finde ich es? Hirtentäschelkraut wächst auf mageren Böden an Feldrändern und auf Äckern.
Was kann ich davon essen? Die Blätter, Stiele und Blüten des Hirtentäschelkrautes können gehackt als Kraut verwendet werden. Als Gemüse ist er eher nicht ergiebig. Hirtentäschel schmeckt würzig scharf und verfeinert mit anderen Kräutern grüne Smoothies und Wildkräuterpestos. In Salatsoßen überzeugt das Kraut durch sein senfartiges Aroma.
Wozu ist es gut? Hirtentäschel enthält viel Vitamin C, Eisen, Kalium, Kalzium und Eiweiß. In der Naturheilkunde ist das Kraut aufgrund seiner blutstillenden Wirkung bekannt. Frauen nach der Geburt und Frauen, die unter einer starken Menstruation leiden, können einen Tee aus frischen oder getrockneten Teilen der Pflanze trinken. Auch wer zu Nasenbluten neigt, kann hin und wieder Hirtentäscheltee trinken.

Das Hirtentäschelkraut erkennst du im Sommer leicht an seinen herzförmigen Samentaschen.

SPÄTSOMMER

Überblick:
Was liegt an?

1.
SAATGUT GEWINNEN

2.
KRÄUTER ERNTEN UND TROCKNEN

3.
KÜRBISSE UND GURKEN DÜNGEN

4.
BEERENSTRÄUCHER AUSLICHTEN

5.
NOCH MEHR WINTERGEMÜSE ZIEHEN

Im Zeichen des Wandels:
Ernten und Saatgut gewinnen
im Spätsommer von
Ende Juli bis Ende August.

VORZIEHEN

Im Spätsommer ziehst du nicht mehr viel vor. Allenfalls kannst du Kohl für die Frühlingsernte in Töpfen oder Kästen vorziehen.

SÄEN

Asiatische Blattgemüse, Herbstrüben, Kohlrabi, Mangold, Möhren, Radieschen, Salate (z. B. Rucola, Kopf- und Pflücksalat), Spinat, Winterrettich, Winterportulak, (Frühlings-)Zwiebeln können jetzt zwischen Salate und Wurzelgemüse gesät werden. Erbsen und weiße Bohnen können auch noch einmal gelegt werden und ergeben bis in den Winter hinein deftige Gerichte. Rettich, Radieschen, Rüben und Rote Bete sind unkomplizierte Wurzelgemüse für eine Spätsommeraussaat. In der lockeren Erde der abgeernteten Beete der Sommergemüse wachsen sie besonders gut.
Kräuter: Die Kräutersaison nähert sich dem Ende, aber die winterharte Petersilie kann noch gesät werden. Mit dem Vitamin-C-reichen Kraut hast du damit das ganze Jahr über eine gesunde grüne Zugabe zu nahezu allen Speisen zur Hand.

PFLANZEN

Blumenkohl, Grünkohl und Brokkoli für die Winterernte, Erdbeeren.

ERNTEN

Fruchtgemüse wie Tomaten, Paprika, Chili, Auberginen, Zucchini haben jetzt ihren großen Auftritt. Sie sind frisch nicht lange lagerfähig. Verarbeite sie sofort zu einem sommerlichen Ratatouille oder zu leckeren Antipasti für Gartenpartys und Co. Feldsalat, Spinat, Kopfsalat, Endivie, Rucola, Eisbergsalat und Chicorée ergeben eine knackigfrische Beilage zu deinen Sommergerichten oder sind, angereichert mit Gebratenem, Kartoffeln oder Eiern, eine sättigende Hauptspeise. Außerdem erntest du Bohnen, Karotten, mittelfrühe Kartoffeln, Rote Bete, Pak Choi, Schalotten, Mangold, Rauke, Kresse, Sommerportulak und Gurken.
Im Obstgarten sind die letzten Sommerhimbeeren und Brombeeren reif und die Herbsthimbeeren beginnen, sich an den Sträuchern zu färben. Gojibeeren können Ende September abgenommen werden. Vorher sind sie zu herb und bitter. Pflaumen und Renekloden sind auch reif.

SONSTIGE

Artischocken anzubauen ist spannend. Die distelartigen großen Blumen sind zweijährig, was bedeutet, dass sie erst im Jahr nach ihrer Aussaat blühen und dann im Spätsommer erntebereit sind.

Wie ernte ich Kartoffeln?

Die köstlichen Knollen reifen je nach Sorte zu verschiedenen Zeitpunkten im Jahr. Warte mit dem Heben deiner Schätze, bis das Kraut welkt, so kann sich die Schale festigen und die Kartoffel ist länger lagerfähig. Das Kartoffelgrün enthält das giftige Solanin und ist für Menschen nicht essbar. Du kannst es aber bedenkenlos auf den Kompost geben. Stich zur Kartoffelernte eine Grabegabel mit einigem Abstand zur Pflanze tief in den Boden und hebele die Kartoffeln, die an den Wurzeln hängen, in einem Schwung aus dem Boden. Löse sie vorsichtig und entferne grob die anhaftende Erde. Durchsuche den gelockerten Boden nach zurückgebliebenen Knollen. Die gehobenen Kartoffeln sollten an der Luft einige Stunden trocknen. Lasse sie aber nicht länger im Freien liegen, denn sie werden dann grün und giftig. Kleinere grüne Stellen kannst du großflächig entfernen und die Knollen dann bedenkenlos zubereiten. Sollte die gesamte Schale verfärbt oder die Kartoffel mehr als ein Drittel grünlich sein, musst du sie nicht wegwerfen. Lagere sie abgeschlossen von Licht in Papiertüten an einem kühlen, frostfreien Raum. Sie ergeben bei der nächsten Gelegenheit prima Saatkartoffeln.

Allgemeine Gartenarbeiten im Spätsommer

Wenn die orangefarbenen Beerendolden der Ebereschen reif werden, geht der Hochsommer in den Spätsommer über. Die Bauern fahren die zweite Heuernte ein und die Getreidefelder zeigen sich stoppelig. In Heiden und Wäldern blüht jetzt das Heidekraut in zauberhaftem Violett.

Der Kreislauf schließt sich: Bei vielen Pflanzen sind die Samen jetzt bereit zur Ernte.

Ein Strauß aus getrocknetem Lavendel erhält den Geruch des Sommers.

Die Temperaturen sind jetzt im späten Sommer oft noch heiß, selbst wenn die Tage schon kürzer werden. In deinem Gemüsegarten ergeben sich ähnliche Arbeiten wie im Hochsommer. Zusätzlich steht alles im Zeichen des Wandels, weil du einerseits viel ernten und andererseits auch schon dein Herbst- und Wintergemüse vorbereiten kannst. Für Selbstversorger gilt, dass sie über das gesamte Jahr verteilt Gemüse aussäen müssen, wenn in nahezu allen Monaten selbst gezogenes Grün auf dem Teller landen soll. Der Spätsommer ist also eine gute Zeit, um für die kommenden, kühleren Herbstmonate zu planen. Viele Sommergemüse haben Früchte gebildet, von denen du jetzt Saatgut für das nächste Jahr gewinnen kannst. Eigene Saatgutüberschüsse lassen sich außerdem mit Gartennachbarn oder über Tauschbörsen tauschen und so kannst du den eigenen Fundus ergänzen. Im Kräuterbeet duften die mediterranen Kräuter und locken mit ihren Blüten viele Bienen und Wildbienen an.

KRÄUTER ERNTEN

Im Spätsommer haben Gewürz- und Heilpflanzen ätherische Öle und sekundäre Pflanzenstoffe in hohen Mengen angereichert. Die Pflanzen stehen kurz vor der Blüte. Ein idealer Zeitpunkt, um trockene Tage, an denen es nicht allzu heiß ist, zu nutzen, um Kräuter zu schneiden. Getrocknet kannst du sie für die Verwendung in der Küche, für Tees und für heilende Aufgüsse aufbewahren. Eine gute Tageszeit, um Kräuter zum Trocknen zu schneiden, ist die Zeit zwischen zehn und sechzehn Uhr. Zu diesem Tageszeitpunkt haben die Kräuter die höchste Konzentration an Wirkstoffen in ihren Blättern und Stängeln. Gegen Abend nimmt der Gehalt schon wieder ab. Wenn du die Kräuter als Wintervorrat erntest, achte darauf, die Blätter und Stängel nicht zu zerkleinern. An den Schnittstellen würden nur wertvolle Inhaltsstoffe und ätherische Öle verfliegen. Besser ist es, immer fünf bis zehn Stängel zu einem Strauß zusammenzubinden und an einem warmen und trockenen Ort kopfüber aufzuhängen. Trockne Kräuter niemals in der vollen Sonne, weil das Licht den Pflanzen und Blüten ätherische Öle und Farbe entziehen würde. Du kannst die Kräuter auch blattweise ernten. Dabei streifst du sie vorsichtig gegen die Wuchsrichtung von den Stängeln.

DÜNGEN

Im Spätsommer müssen Gemüse und Obststräucher nicht mehr zwangsläufig gedüngt werden. Eine Ausnahme sind Gurken und Kürbisse, die als Starkzehrer einen hohen Nährstoffbedarf haben. Sie haben längst Früchte gebildet, die jetzt von einer Extraportion Nährstoffe profitieren. Deine selbst hergestellten Pflanzenjauchen sind eine gute Wahl für beide Pflanzen. Alternativ kannst du erkalteten Kaffee- oder Teesatz zwischen den Pflanzen verteilen.

BEERENSTRÄUCHER AUSLICHTEN

Sommerhimbeeren schneidet man, sobald alle Ruten abgeerntet sind. So kannst du am besten erkennen, welche von ihnen fällig sind, denn Sommerhimbeeren tragen immer erst im zweiten Jahr. Du schneidest also alle Ruten, die in diesem Sommer getragen haben, in Bodennähe ab. Sie treiben im Frühjahr wieder aus. Die jüngeren Triebe musst du stehen lassen, sie tragen erst im nächsten Jahr Früchte. Sollten diese Triebe schwach oder kränklich aussehen, darfst du sie etwas einkürzen. Auch Triebe, die zu lang gewachsen sind, dürfen bis um ein Drittel gekürzt werden. Achtung! Wenn du versehentlich alle Triebe der Sommerhimbeeren abgeschnitten hast, erhältst du im folgenden Jahr keine Ernte.

DIY: KRÄUTERSIRUP SELBSTMACHEN

Im Hochsommer kannst du in deinem Kräuterbeet duftende Blätter, Stängel und Blüten in Hülle und Fülle schneiden. Es macht Spaß, mit verschiedenen Kräuterkombinationen für Gewürzmischungen und Tees zu experimentieren und einen delikaten und erfrischenden Kräutersirup selbst herzustellen. Du brauchst dazu fünfhundert Gramm frische Blätter und Blüten von aromatischen Kräutern deiner Wahl. Melisse, Pfefferminze, Salbei und Zitronenverbene eignen sich genauso wie Thymian und Lavendel. Aus den Kräutern stellst du zusammen mit einem Liter Wasser einen Kaltauszug her. Gib die Pflanzen in einen Topf mit einem Liter kaltem Wasser und lasse die Mischung an einem kühlen Ort drei bis fünf Tage ziehen. Nach Ablauf dieser Zeit filterst du den Kräuteraufguss durch ein Sieb, gibst ein Kilo Zucker, den Saft zweier Zitronen und einen Esslöffel Apfelsäure hinzu und lässt das Ganze unter Rühren aufkochen. Danach reduzierst du die Temperatur und köchelst den Sirup auf mittlerer Stufe, bis er sichtlich eindickt. Noch heiß kannst du den Sirup in sterilisierte Glasbehälter umfüllen. Im Verhältnis von 1:10 kann der Sirup mit Mineralwasser in eine leckere Kräuterlimonade verwandelt werden.

Anbau im Gewächshaus

Treibhäuser sind die perfekte Ergänzung zu Freilandbeeten, Hochbeeten, Balkonkästen, Kübeln und Töpfen. Das gläserne Dach schützt deine Pflanzen vor Wind und Wetter und ermöglicht den Gartengenuss auch in der kalten Jahreszeit.

Gewächshäuser sind sehr effiziente Wärmespeicher. In ihnen kannst du Gemüse vorziehen, Tomaten und Paprika vor Regen bewahren und im Winter deinen Kübelpflanzen ein warmes Zuhause anbieten. Unter dem Glasdach eines Gewächshauses ist es auch im Winter warm, sodass du in der kalten Jahreszeit und bei Regen nicht auf das Gärtnern, Säen und Ernten verzichten musst und sogar Exoten wie Mangos ernten kannst. Als Richtwert für eine ideale Temperatur im Gewächshaus werden 30 Grad angenommen. Im Hochsommer wird es oft deutlich wärmer, im Winter können die Temperaturen auch schon mal bis auf 15 Grad sinken, wobei solche Tiefsttemperaturen von den meisten Pflanzen gut vertragen werden. Manche Gewächshäuser lassen sich auch zusätzlich beheizen, hier musst du dann die Stromkosten mit einkalkulieren. Zudem ist es auch für Schnecken und andere unwillkommene Gartenbewohner nicht so leicht, in die gläserne Gartenfestung einzudringen.

Gewächshäuser sind eine lohnende Investition: Aus ihnen lässt sich das ganze Jahr über ernten.

ES WERDE LICHT

Anders als in Wohnhäusern erlauben Gewächshäuser einen vergleichbaren Lichteinfall wie im Außenbereich. Wenig Sonnenschein im Jahr kannst du gegebenenfalls mit speziellen Pflanzlampen ausgleichen. Durch das warme, helle Klima verlängert sich die Wachstumsperiode deiner Gemüsepflanzen im Gewächshaus vorn und hinten um einige Wochen.

Gewächshäuser haben aber nicht nur Vorteile. Je nach Größe des Gewächshauses benötigst du manchmal eine Baugenehmigung oder du bist in der Wahl deines Aufstellungsortes eingeschränkt, weil du Platz zu den Nachbarn lassen musst. Einige Gewächshäuser erfordern kleine Baumaßnahmen, wie das Legen eines Fundamentes. Sie können preisintensiv in Anschaffung und Unterhaltung sein. Mache dir Gedanken, welche Funktion ein Gewächshaus für dich erfüllen soll. Für die Anzucht allein genügen manchmal Frühbeetkästen und wenn du lediglich ein paar Tomaten vor dem Regen schützen möchtest, kannst du dir ein einfaches Tomatendach zulegen.

TEMPERATUR UND BELÜFTUNG

Im Sommer kann sich durch die erhöhte Sonneneinstrahlung das Gewächshaus stark erhitzen und zu Verbrennungen an deinen Pflanzen führen oder ihren Früchten schaden. Sie müssen dann auf jeden Fall mit Markisen oder speziellen Folien beschattet werden. Dann ist eine gute Belüftung besonders wichtig. Fertig gekaufte Gewächshäuser verfügen über klappbare Dachfenster. Manche Modelle schließen sogar eine Belüftungsautomatik ein. Diese kannst du aber auch nachrüsten. Belüftung ist außerdem wichtig, weil sich in Gewächshäusern die Luftfeuchtigkeit stark erhöhen kann, was Pilzbefall auf den Pflanzen begünstigt. Das Gewächshaus sollte deshalb regelmäßig frische Luftzufuhr bekommen.

STANDORT

Wenn du all dieses Für und Wider für dich abgewogen hast, kannst du dich im Garten nach einem guten Standort für deine gläserne Immobilie umsehen. Warm wird es darin nahezu von selbst, hell aber nicht. Du musst die Sonneneinstrahlung für den Standort deines Gewächshauses in Kombination mit deinen Bedürfnissen beachten. Das Gewächshaus sollte niemals nordseitig und nicht beschattet von großen Bäumen stehen.

Ein heller Standort mit vielen Sonnenstunden ist also grundsätzlich der Richtige. Wenn du im Gewächshaus in erster Linie Pflanzen vorziehen oder Kübelpflanzen überwintern möchtest, empfiehlt sich für die Längsachse des Hauses eine Ost-West-Ausrichtung, damit über die lange gläserne Seite möglichst viele Sonnenstunden eingefangen werden können. Eine zweite Variante für die Aufstellung ist eine Nord-Süd-Ausrichtung des Gewächshauses. Diese bietet sich besonders dann an, wenn du über das Dach Licht für deine Fruchtgemüse sammeln möchtest.

Wie wäre es mit der Miniaturausführung eines Gewächshauses auf dem Balkon als dekorative Vitrine für üppige Ranken, grünende Blätter und die Pracht exotischer Früchte.

Um die Temperatur im Gewächshaus zu regulieren, helfen klappbare Fenster im Dach.

Saatgut gewinnen

Mit der Gewinnung von eigenem Saatgut aus selbst gezogenen Pflanzen schließt sich der Selbstversorgungskreislauf.

Saatgut kannst du schon im ersten Jahr deiner Gemüseanbaukarriere abnehmen. Jetzt im Spätsommer ist eine gute Zeit dafür.

BLUMENKOHL UND BROKKOLI

Von ihnen essen wir die Blüte, bevor sie Samen bildet. Wenn du ein, zwei Köpfe im Beet stehen lässt, kannst du diese Entwicklung abwarten. Die Köpfe werden nach und nach lockerer und die Samen, die du abnehmen kannst, bilden sich.

FENCHELSAMEN

Fenchelsamen schmecken im Tee, als Gewürz im Brot, in exotischen Gemüsegerichten oder im Weihnachtsgebäck. Die Samen bilden sich an den Blütendolden und lösen sich ganz leicht aus den trockenen Dolden.

RUCOLA UND SPINAT

Rucola und Spinat gehen bei Wärme schnell in die Blüte. Der Rucola bildet dann kleine, trockene Schoten aus, in denen die Samen liegen. Du kannst die Schote vorsichtig öffnen, die Samen abstreifen und sammeln. Spinat blüht ährenförmig. Seine Samen solltest du vorsichtig aus den reifen Ähren abstreifen, bevor sie ausfallen.

TOMATEN, ZUCCHINI & CO.

Fruchtgemüse enthalten die Samen in ihrem Fruchtfleisch. Du musst es entfernen, bevor du die Samen gewinnst. Spüle das Fruchtfleisch dazu unter dem Wasserhahn über einem Sieb ab. Du kannst die Samen vorsichtig zwischen den Fingern reiben, um etwas nachzuhelfen. Die sauberen Samen kannst du dann auf einem sauberen Küchentuch trocknen.

ZUCKERMAIS

Zuckermais wird zum Verzehr vorreif geerntet. Für die Saatgutgewinnung musst du ihn trocknen lassen, bis die Körner hart geworden sind. Du kannst sie dann vorsichtig aus den Kolben herausbrechen.

HÜLSENFRÜCHTE

Hülsenfrüchte werden in der Regel etwas vorreif verzehrt. Wenn du einige Schoten an der Pflanze belässt, bis sie trocken werden und bei leichtem Schütteln rascheln, sind die Samen im Inneren reif. Öffne die Schote vorsichtig und hole die Samen hervor. Sie müssen jetzt noch einen oder zwei Tage an einem dunklen Ort durchtrocknen, bevor du sie in beschriftete Tüten oder Gläser abfüllen kannst.

ZWIEBELGEWÄCHSE

Sie blühen in schönen weißen und violetten Kugeln und bilden dann Samen aus, die du leicht aus den Blütenständen lösen kannst.

DIY: Kürbiskerne als Snack gewinnen

Kürbiskerne kannst du nicht nur als Saatgut verwenden, sie ergeben außerdem einen Snack, der dir gesunde Omega-3-Fettsäuren liefert. Schneide dafür zunächst den Kürbis hälftig durch, löffle dann das weiche Fleisch aus der Mitte und löse die Samen vorsichtig mit den Fingern. Heize den Backofen auf 180 bis 200 Grad. Verteile die gesäuberten Kerne etwas ausgebreitet auf einem mit Backpapier ausgelegten Backblech. Sie trocknen dann gleichmäßiger und kleben nicht aneinander. Würze die Kerne mir feinem Salz und Kreuzkümmel. Backe die Kerne zwanzig Minuten, wobei du sie zwischendurch einmal wenden solltest.

Beachte: Chinakohl, Möhren, Rote Bete, Rotkohl, Spitzkohl, Weißkohl, Zwiebeln sind zweijährig. Sie blühen also erst im zweiten Jahr und bilden auch erst dann Samen aus.

SAMEN VON KRÄUTERN GEWINNEN

Schneide dazu die Fruchtstände mit einer scharfen Schere ab, bevor sie so reif sind, dass sie ausfallen und verloren gehen. Lege sie in eine Schale und reibe sie behutsam mit den Fingern, damit sich die Samen lösen. Du kannst nun die Samen vorsichtig durch ein feinmaschiges Sieb geben, um Fremdkörper zu entfernen. Lasse die Samen offen liegend noch mindestens einen Tag gut durchtrocknen und gib sie dann in gut gespülte, trockene Gläser mit Schraubverschluss oder in kleine Papiertütchen. Mit Schönschrift und guten Wünschen versehen, ergibt Saatgut ein schönes Geschenk.

Gut durchgetrocknet halten die Samen bis zur nächsten Saison.

Hänge deinen Mais an einem regengeschützten und sonnigen Platz auf, um ihn zu trocknen.

ESSBARE SAMEN

Von manchen Kräutern sind es besonders die Samen, die essbar sind. Dazu gehört der Koriander, dessen kugelrunde Samen in früheren Zeiten kandiert als Süßigkeit gegessen wurden. Heute verfeinert er vor allem Suppen und Soßen und findet Einsatz in der indischen Küche. Basilikumsamen können wie Chiasamen verwendet werden. Sie sind geschmacksneutral und enthalten Quellstoffe, zudem sind sie reich an Omega-3-Fettsäuren. Die Samen der Kapuzinerkresse lassen sich wie Kapern einlegen und verwenden.

FRÜHHERBST

Überblick:
Was liegt an?

1.
PFLANZEN UND KRÄUTER VORZIEHEN

2.
KÜRBISSE POLSTERN

3.
OBSTBÄUME SCHÜTZEN

4.
GRÜNDÜNGUNG SÄEN

Vorsorgen für nächstes Jahr
für dich
und deine Pflanzen
von **Ende August bis Ende September.**

VORZIEHEN

Im Frühherbst ergibt eine Voranzucht keinen Sinn mehr, denn alles, was für die Winterernte infrage kommt, hast du früher vorgezogen, wie zum Beispiel Kohl.
Blattgemüse und Salate für die Herbst- und Winterernte kommen dagegen als Direktsaat ins Beet.

SÄEN

Vieles Gemüse kann auch jetzt noch gesät werden. Weil die Bodentemperaturen tagsüber warm sind, aber die Lufttemperaturen niedriger als in den Sommermonaten, keimen manche Gemüse jetzt sogar besser. Zur Spinatblüte, welche die Pflanze ungenießbar macht, kommt es im Herbst nicht mehr, weshalb du späte Spinatsorten jetzt auch noch säen kannst. Wegen der kühleren Temperaturen wächst der Spinat zwar langsam, aber er bedeckt und begrünt mit seinen knackigen Blättern dein Gemüsebeet im Herbstverlauf. Bis in den Spätherbst hinein kannst du die Blätter ernten und sie roh oder gekocht auf den Tisch bringen. Zur Wahl stehen außerdem: asiatische Blattgemüse, Radieschen, Salate (z. B.: Rucola, Feld-, Kopf- und Pflücksalat), Spinat, Winterportulak, Frühlingszwiebeln.

PFLANZEN

Steckzwiebeln und Knoblauch kannst du ab Frühherbst wieder erfolgreich ins Beet setzen. Knoblauchzehen kannst du zwischen die Spinatreihen stecken. Beide können über Winter im Beet verbleiben und im Frühjahr geerntet werden.
Du solltest einmal an die Steckrübe denken. Das Gemüse mit dem schlechten kulinarischen Ruf ist einfach im Anbau, robust und ergibt im späten Herbst und Winter deftige Suppen, Eintöpfe und Aufläufe. Innovative Rezepte wie Steckrübenpommes oder mit Ziegenkäse überbackene Steckrübenscheiben machen die Steckrübe attraktiv.

TIPPS FÜR DIE OBSTERNTE

Kern- und Steinobst sind nicht lange lagerfähig und müssen darum vorsichtig behandelt werden, damit sie keine Druckstellen bekommen. Äpfel, Birnen und Pflaumen sind reif, sobald die ersten gesunden Früchte zu Boden fallen. Birnen solltest du ernten, wenn sie noch fest sind. Sie reifen dann bei der Lagerung weich, saftig und aromatisch aus. Je nachdem, wo Sonnenseite und Wetterseite deines Obstbaumes liegen, können die Früchte sehr unterschiedlich reif sein. Ernte deshalb mit Abstand über mehrere Tage hinweg. Lege die Früchte vorsichtig in Kisten, Körbe oder Eimer, die du mit etwas Heu, Stroh oder Laub ausgelegt hast. Lagere Birnen und Äpfel in einem abgedunkelten Raum bei ungefähr fünf Grad.

Kohl für die Frühjahrsernte darf auch jetzt ins Freiland und je nach Witterung Obstbäume und Beerensträucher als Containerware.

ERNTEN

Tomaten, Paprika, Chili, Auberginen, Stangenbohnen, Zucchini, Kürbis, Pflaumen, Renekloden, Zwetschgen, Brombeeren, Karotten, Kartoffeln, Rote Bete, Pak Choi, Artischocken, Mangold, Rauke, Kresse, Sommerportulak, (Frühlings-) Zwiebeln, Schalotten, Gurken, Mais, Rotkohl, Brokkoli, Blumenkohl, asiatische Blattgemüse, Porree, Fenchel, Stangensellerie, Kopf- und Pflücksalate, Äpfel, Erdbeeren, Weintrauben, Melone, Birne, Cranberrys, Feigen, Pfirsich, Nektarinen, Aprikosen, Herbsthimbeere, Möhren.

Allgemeine Gartenarbeiten im Frühherbst

Im Frühherbst beginnt das Jahr sich zu neigen. Der Sommer geht auf sein spürbares Ende zu, die Tage werden merklich kürzer und mit dem sinkenden Sonnenstand fallen auch die Temperaturen.

Viele Sommerfrüchte hast du abgeerntet, Brombeeren, Himbeeren und Stachelbeeren sind in Münder und Einmachgläser gewandert. Späte Beerensorten reifen jetzt noch zu Ende. Zeigerpflanzen für den Frühherbst sind vor allem die schwarzvioletten Holunderbeeren, die schwer und reif in Dolden von den Sträuchern hängen, und die leuchtend orangen Hagebutten der Hundsrosen. Aus beiden lassen sich leckere herbstliche Marmelade und Gelee machen. Auch wenn du dich schweren Herzens von Obst und Beeren verabschieden musst – für die ersten herbstlichen Gemüsesorten ist jetzt Erntezeit. Für dich bedeutet der Frühherbst ernten und verarbeiten, was das Zeug hält. Unter Umständen wirst du genauso viel Zeit in der Küche mit dem Unterbringen deiner Ernte wie im Garten verbringen.

KÜRBISSE POLSTERN

Deine Kürbisse runden sich in der goldenen Herbstsonne und können bald abgenommen werden.

Auf einem Bett aus Stroh fühlen sich deine Kürbisse wohl und sind vor Feuchtigkeit und Schmutz geschützt.

Heiß in Flaschen abgefüllt hält sich Holunderbeersaft über den ganzen Winter.

Gönne den Kürbissen, die direkt auf der Erde aufliegen, ein Bett aus Stroh. Auch gut getrockneter Rasenschnitt kann verwendet werden. So kann auch die Unterseite schön rund wachsen und die Früchte sind geschützt vor Fäulnis und Schmutz.

OBSTBÄUME SCHÜTZEN

Bald werden die nächtlichen Temperaturen so niedrig, dass die flugunfähigen Weibchen des Frostspanners die Stämme der Obstbäume hinaufklettern, um auf den Ästen und Zweigen ihre Eier abzulegen. Die Raupen schlüpfen dann im Frühjahr, wenn die Blätter austreiben. Frostspannerlarven können erheblichen Schaden an deinen Obstbäumen anrichten. Gegen Ende des Frühherbstes solltest du deshalb die Stämme der Bäume mit Leimringen versehen. Achte darauf, dass die Ringe dicht sitzen, damit die Falter nicht darunter hindurchschlüpfen können.

DIY: Holunderbeerensaft machen

Holunderbeeren enthalten sehr viel Vitamin C. Aus 1,5 Kilo gesäuberten und entstielten Holunderbeeren, einem Liter Wasser, dem Saft einer Zitrone und 500 Gramm Zucker kannst du einen haltbaren Saft herstellen, der im Herbst und Winter dein

Die schwarzen Beeren sind reich an Vitaminen, besonders an Vitamin C.

Immunsystem stärkt. Gemischt mit Apfelsaft, mit winterlichen Gewürzen verfeinert und heiß getrunken, kannst du ihn auch als Punsch genießen. Koche alle Zutaten zusammen in einem großen Topf auf, bis die Beeren platzen. Danach filterst du den Saft durch ein Sieb und füllst ihn noch sehr heiß in abgekochte Gefäße um. Der Holundersaft hält sich kühl und dunkel aufbewahrt mehrere Monate.

Exkurs: Gründüngung

Eine gute Möglichkeit, den ausgelaugten Gartenboden nach der Ernte nährstoffmäßig wieder auf Vordermann zu bringen, ist es, eine Gründüngung zwischenzupflanzen. Das bietet sich besonders in den Herbstmonaten an, wenn viel Platz in den Beeten frei geworden ist.

Es gibt einige Pflanzen, die sich zur Gründüngung eignen. Verschiedene Gründüngerpflanzen begünstigen unterschiedliche Gemüse. Eine Gründüngung lockert den Boden und bindet Nährstoffe, die mit der Zersetzung zu Humus deiner folgenden Gemüsekultur zugutekommen. Außerdem unterbindet sie als schützende Decke die Ausbreitung von Unkraut, verhindert Auswaschen oder Verdichtung bei Regenfällen.

LUPINEN

Bitterlupinen eigenen sich besonders auf Beeten, in denen als nächstes Kohlgemüse stehen soll. Diese einjährigen Hülsenfruchtpflanzen binden in Symbiose mit Knöllchenbakterien Stickstoff aus der Luft, der nach dem Untergraben der Pflanze kurz vor der Welke wieder frei wird und so den nachfolgenden Kulturen zugute kommt.

Lupinen sind nicht nur gut für deinen Boden, du kannst die Samen über Nacht in Wasser einlegen und dann gekocht essen.

PHACELIA

Phacelia ist eine hübsche Blühpflanze, deren Attraktivität für Bienen und Wildbienen ihr den Beinamen »Bienenfreund« verliehen hat. Auch mit ihr kannst du im Herbst deine abgeernteten Flächen begrünen und nähren. Phacelia bildet tiefe Wurzeln, die den Boden tiefgründig lockern. Im Frühherbst gesät, kommt es noch in diesem Jahr zur Phacelienblüte. Du kannst die Phacelia auch schneiden und zusammen mit Mohn, Kornblumen, Margeriten oder Ringelblumen in einem hübschen Feldblumenstrauß verwenden. Im Frühjahr werden die Pflanzen und Wurzeln dann in den Boden eingearbeitet. Auch in der Mischkultur zwischen die Gemüsereihen gesät, tut Phacelia den Pflanzen gut. Besonders Kartoffeln nutznießen von der in Büscheln fliederfarben blühenden Pflanze. Sie hat die Eigenschaft, Kartoffelkäfer und Bodenschädlinge fernzuhalten.

Mit der Phacelia wird dein Garten zum Paradies für Bienen und andere Insekten.

SENF

Senf ist eine großartige Gründüngung, die du obendrein essen kannst. Der Senf wird im Herbst dicht breitwürfig gesät und kann schon jung immer wieder abgeschnitten und in den Salat gegeben werden. Wie bei allen Gründüngungen bewirkt eine dichte Bepflanzung mit Senf, dass starke Herbstregen deinen Boden nicht verschwemmen können. Außerdem sorgt die Pflanzdecke dafür, dass Unkräuter deine abgeernteten Beete nicht entern können. Auch den Senf gräbst du mitsamt seinen Wurzeln im Frühjahr in den Boden unter, dort wird er dann von Bodenorganismen zugunsten deiner nächsten Pflanzung zersetzt.

Die Samen der Senfpflanze kannst du mahlen, mit Essig, Zucker und Salz zu deinem eigenen Senf verarbeiten.

WINTERWICKEN

Winterwicken sind so wie Lupinen Hülsenfruchtgewächse mit den gleichen stickstoffbindenden Eigenschaften und bilden hübsche lilafarbene Blüten. Wie der Name schon verrät, sind die Pflanzen winterfest. Sie können also über den gesamten Winter im Beet verbleiben und im Frühjahr in den Boden eingearbeitet werden. Besonders Mais, Wurzelgemüse und Kartoffeln profitieren von einer Vorkultur mit Winterwicke.

Die jungen Blätter und Blüten der Winterwicke sind essbar,die Samen allerdings leicht giftig.

Verarbeiten und Aufbewahren

Im Frühherbst läuft deine Obst- und Gemüseernte auf Hochtouren. Mit dem Ernteüberschuss kannst du wunderbar die kargeren Wintermonate überstehen

Es ist herrlich, im Winter immer noch selbstgeerntetes Gemüse und Obst aus dem Vorrat zu zaubern. Verschiedene Verfahren ermöglichen dir, deine Ernte haltbar zu machen.

LAGERN

Gemüse, das du nach der Ernte bald essen möchtest, kannst du am besten im Kühlschrank lagern. Die meisten Gemüse halten sich dort bis zu zwei Wochen frisch. Eine Ausnahme sind Paprika, Tomaten und Zucchini, die im Kühlschrank Aroma und Festigkeit verlieren. Du kannst dein Gemüse in Papier oder saubere Geschirrtücher einschlagen.

Manches Gemüse lässt sich auch direkt im Freiland überwintern. Das ist praktisch, weil dir im Haus keine Lagerkapazitäten verloren gehen und du das Gemüse nach Bedarf ernten kannst. Pastinaken, Grünkohl, Schwarzwurzeln, Topinambur und Rote Bete vertragen kühle Temperaturen. Ab fünf Grad in der Nacht solltest du sie mit Vliesen oder Laub abdecken.

ERDMIETE ANLEGEN

Eine Erdmiete ist ein natürlicher Kühlschrank, der von den niedrigen, aber frostfreien Temperaturen unter der Erdoberfläche profitiert. In Erdmieten lassen sich Wurzelgemüse und Kartoffeln überwintern und nach Bedarf entnehmen.

So legst du eine Erdmiete an:

1. Grabe an einer vor Regenfällen und Wärme geschützten Stelle im Garten ein 30-40 Zentimeter tiefes Loch. Geeignet sind Überdächer, ungeheizte Gewächshäuser und Frühbeete. Die Grube sollte neunzig Zentimeter breit und 2 Meter lang sein, um genug Gemüse und Kartoffeln für vier Personen einzulagern.
2. Kleide sie rundherum mit engmaschigem Hasendraht gegen Wühlmäuse aus.
3. Zur Drainage gibst du eine fünf Zentimeter dicke Schicht Sand auf den Boden der Erdmiete. Klopfe den Sand gut fest.
4. Für eine gute Luftzirkulation kleide die Wände der Grube mit Stroh aus.
5. Gib vorsichtig Schicht für Schicht Gemüse in die Miete und bedecke jede Schicht mit Sand.
6. Zum Abschluss bedeckst du deine Schatzkammer mit Sand und einer Folie, die du an den Rändern mit Steinen beschwerst.

EINFRIEREN

Geputztes und klein geschnittenes Gemüse lässt sich entweder roh oder kurz blanchiert gut einfrieren. Gemüse, das gleich nach der Ernte eingefroren wird und keine Schadstellen hat, behält in der Tiefkühltruhe seine Vitamine über viele Monate. Gut einfrieren lassen sich Möhren, Erbsen, Bohnen, Porree, Spinat, Blumenkohl, Brokkoli und Paprika. Auch Gemüse mit einem höheren Wasseranteil wie Tomaten, Zucchini oder Gurken, kannst du gut einfrieren. Gib das geschnittene Gemüse in Kunststoffdosen oder Gefrierbeutel mit Zippverschluss. Lasse etwas Platz, weil sich das Gefriergut noch ausdehnt. Praktisch ist es, auf den Dosen oder Tüten mit einem wasserfesten Stift das Datum zu vermerken. Bei –18 Grad hält es sich sechs bis zwölf Monate.

TROCKNEN UND DÖRREN

Hierbei wird dem Gemüse oder Obst Feuchtigkeit entzogen, sodass es nicht mehr faulen oder schimmeln kann. Diese Methode eignet sich besonders für Tomaten, Paprika, Zucchini, Auberginen, Bohnen, Kräuter, Beeren, Früchte oder Pilze. Getrocknetes Gemüse und Obst sind ein leckerer und gesunder Snack oder können beim Kochen den Speisen zugegeben werden. Die Vorräte können klein geschnitten oder im Ganzen vitaminschonend auf einem Backblech im Backofen bei relativ niedrigem Energieverbrauch getrocknet werden. Die optimale Backofentemperatur zum Trocknen von Obst und Gemüse liegt bei fünfzig bis hundert Grad Umluft. Lasse die Backofentür dabei einen Spaltbreit offen, damit Feuchtigkeit entweichen kann. Je nach Wassergehalt des Dörrguts kann die Trocknung bis zu sechzehn Stunden betragen.
Darren sind mit Netzen bespannte Holzrahmen, die sich stapeln lassen und ermöglichen, deine Ernte an der Luft trocknen zu lassen. Darren sollten an einem warmen, geschützten Ort aufgestellt werden. Du kannst sie auch mit ein paar Holzlatten, alten Gardinen oder Netzen ganz leicht selbst machen.
Dein fertiges Trockengut kannst du am besten fest verschlossen in Gläsern mit Schraubverschluss aufbewahren.

EINKOCHEN UND EINMACHEN

Dies sind zwei ähnliche Methoden, um Lebensmittel haltbar zu machen. Beim Einkochen wird

Gedörrtes Obst solltest du luftdicht verpacken, damit es lange hält.

DREI GOLDENE REGELN DER ERDMIETE

1. Gib nur unbeschädigtes und trockenes Gemüse und Obst in die Erdmiete.
2. Lagere Obst und Gemüse getrennt voneinander, damit die Reifegase des Obstes dein Gemüse nicht anstecken.
3. Kontrolliere von Zeit zu Zeit deine unterirdischen Vorräte und sortiere Schadhaftes aus.

das Kochgut zu Suppen, Eintöpfen und Soßen zubereitet und anschließend in sterilen Gläsern fest verschlossen. Danach wird das Glas weitere fünf Minuten durcherhitzt. Das ist wichtig, damit das Einkochgut nicht gärt und verdirbt.
Das Einmachen bezeichnet das Haltbarmachen von Lebensmitteln, meist Obst, unter Zugabe von Zucker oder Säure in verschlossenen Gläsern. Hierzu muss das Lebensmittel nicht zwangsläufig erhitzt werden. Säure und Zucker hemmen das Wachstum der Mikroorganismen.
Eingekochte und eingemachte Lebensmittel sind viele Jahre haltbar, ohne dass sie schlechter schmecken oder aussehen. Ein weiterer Vorteil ist, dass du auch gleich komplette Gerichte einkochen kannst. So hast du stets selbst gemachte »Fertiggerichte« zur Hand, deren Inhaltsstoffe du garantiert kennst.

FERMENTIEREN

Das Haltbarmachen durch wilde Gärung unter dem Einfluss von Salz, natürlich vorkommenden Bakterien und Enzymen ist ein althergebrachtes Verfahren. Traditionell bekannt ist es bei uns zum Beispiel bei der Herstellung von Sauerkraut. Auch viele exotische Gerichte leben von der Verwendung von fermentierten Lebensmitteln. Das scharfe koreanische Kimchi, die sanft-deftige Misosuppe, erfrischender Kefir und prickelnder Kombucha sind alle unter dem Einfluss von Fermentation entstanden.
Fermentierte Lebensmittel sind geschmacksintensiv, bekömmlich und gesund. Beim Fermentieren vermischst du das rohe, zerkleinerte Gemüse mit Salz. Man rechnet mit 20 Gramm jodfreiem Salz auf ein Kilo geputztes und zerkleinertes Gemüse. Blumenkohl, Brokkoli, Bohnen, Gurken, Rote Bete, Karotten, Kohlrabi, Rettich, Wirsing und Zwiebeln sind hervorragend geeignet.
Die Mischung wird dann in sterilisierten Schraubgläsern fest verschlossen aufbewahrt. Du musst die Gläser nicht kaltstellen, denn die Fermentation gelingt am besten bei Zimmertemperatur. Leichter geht es also nicht! Nach ungefähr sechs Wochen haben Bakterien und Enzyme die Kohlenhydrate des Gemüses in Milchsäure umgewandelt und weich gemacht. Die im Glas entstandene Lake bedeckt das Fermentationsgut und trennt es von der Luft. Schädliche Keime können in diesem sauren, luftleeren Milieu nicht überleben, weshalb das fermentierte Gut lange haltbar ist. Haltbarkeit ist aber nur einer von mehreren Vorteilen der Fermentation. Fermentierte Lebensmittel regen die Darmbewegung an, regulieren den pH-Wert im Darm und stärken die Darmflora. Spurenelemente und Mineralien gehen in fermen-

Fermentation macht Lebensmittel länger haltbar, gibt ihnen einen guten Geschmack und erhält die Vitamine.

tierten Lebensmitteln nicht verloren und der Vitamin-C-Gehalt sowie der Gehalt an B-Vitaminen steigt in fermentierten Gemüsen sogar an, je länger du es lagerst.

EINLEGEN IN ESSIG ODER ÖL

Sauer macht haltbar und geht runter wie Öl! Du kannst deine Ernte nämlich auch durch Einlegen in Öl und Essig vor dem Verderben bewahren. Mit Essig erhältst du die klassischen Pickles, die gut zu gebratenem Fleisch oder vegetarischem Fleischersatz passen oder Salate aufpeppen. In Öl eingelegtes Gemüse bringt mediterranes Flair auf den Tisch und das nicht nur im Sommer. Als Grundrezept für sauer eingelegtes Gemüse erhitzt du einen Teil Weißweinessig mit zwei Teilen Wasser, gibst etwas Salz und Zucker hinzu und kochst diese Mischung so lange auf, bis sich Salz und Zucker gelöst haben. Gewürze wie Senfkörner, Lorbeer, Pfefferkörner, Zimt oder Kardamom kannst du nach Belieben auch noch hinzugeben. Alle festen Gemüsesorten sind zum Einlegen geeignet. Größere Stücke solltest du in Scheiben oder Streifen schneiden. In sterilisierte Gläser gegeben, übergießt du es danach mit dem heißen Essigsud und verschließt die Gläser fest. Um deine Pickles haltbar zu machen, musst du sie zusätzlich in einem Topf mit Wasser fünf Minuten lang einkochen.

Für das Einlegen in Öl schneidest du das Gemüse nach Belieben klein und brätst es scharf an. Danach schmeckst du es mit Salz, Kräutern und Gewürzen ab und schichtest es in sterile Gläser. Bedecke dann alles mit einem guten Olivenöl, verschließe die Gläser gut und lasse alles zusammen etwa zwei Wochen ziehen.

Gemüse, das in Öl oder Essig eingelegt wurde, ist ein halbes Jahr lang haltbar.

Kleine Gurkensorten sind perfekt zum Einlegen geeignet.

ACHTUNG BOTULISMUS

In unter 120 Grad durcherhitztem Einkochgut können sich Botulismusbakterien vermehren, die zu einer gefährlichen Lebensmittelvergiftung mit hoher Todesrate führen können. Das soll dir den Spaß am Einkochen nicht verderben. Es ist nur wichtig, dass du dich beim Einkochen streng an die Küchenhygiene und an dein Rezept aus verlässlicher Quelle hältst. Mit einem Dampfdruckkochtopf bist du zusätzlich auf der sicheren Seite..

Überblick:
Was liegt an?

1.
OBSTBÄUME SCHNEIDEN

2.
GEMÜSE VOR DEN ERSTEN FRÖSTEN SCHÜTZEN

3.
NÜSSE SAMMELN

4.
WINTERQUARTIERE FÜR WILDTIERE SCHAFFEN

Weiterhin ernten
und Winterquartiere für Wildtiere
schaffen von
Ende September bis Mitte Oktober.

VORZIEHEN

Auch im Vollherbst hat die Voranzucht noch Pause.

SÄEN

Ab Vollherbst wird die Auswahl an Gemüse und Kräutern, die du im Freiland aussäen kannst, kleiner, aber trotzdem musst du nicht auf Aussaaten verzichten. Die meist heimischen Kaltkeimer und Frostkeimer sind dankbar für kalte Temperaturen. Der würzige Bärlauchgehört dazu, ebenso der Hopfen als wirksame Heilpflanze und der liebliche Waldmeister.
Weiterhin bieten sich Radieschen, Kerbelrüben, Rhabarber und Speisezwiebeln für eine Aussaat im Vollherbst an.
Auch zahlreiche Blattgemüse keimen gern bei niedrigen Temperaturen. Spinat, Feldsalat, Asiasalate, Winterkresse und Postelein gehören dazu. Möglich sind noch asiatische Blattgemüse und Salate, Feldsalat und Winterpostelein, der frostfest ist und über den Winter im Beet verbleiben darf.

PFLANZEN

Steckzwiebeln und Knoblauch, Kohl für die Frühjahrsernte, wurzelnackte Obstbäume und Beerensträucher, Rhabarber, Weinstöcke.

ERNTEN

Grüne Tomaten lassen sich zu ausgefallenen Chutneys verarbeiten oder einkochen.
Knollensellerie, Bohnen aller Art, Möhren, Pastinaken und (Süß-) Kartoffeln gehen in die letzte Ernterunde, je nachdem, wann sie gesät wurden. Paprika ziehen nach, sowie Chili, Auberginen, Zucchini und Kürbisse.
Des Weiteren sind Rote Bete, Mangold, Rauke, Kresse, Feldsalat, Endivien, Radicchio, Kohlsorten, asiatische Blattgemüse, Porree, Fenchel, Stangensellerie, Kopf- und Pflücksalate, Herbstrüben, Knollensellerie und Kohlrabi zu haben.

REIFE KÜRBISSE ERKENNEN

Reife Kürbisse erkennst du am besten an der Klopfprobe. Erklingt beim Klopfen mit dem Knöchel an den Kürbis ein hohler Ton, ist der Kürbis reif. Außerdem sollte ein reifer Kürbis keine grünen Stellen mehr haben. Giftig sind unreife Kürbisse zwar nicht, aber hart und bitter. Ein weiteres, untrügliches Reifezeichen ist bei allen Kürbissorten ein verholzter Stielansatz. Du kannst den Kürbis dann ganz einfach abbrechen oder mit einem scharfen Messer von der Pflanze trennen. Wichtig ist dabei, dass du den Stiel am Kürbis belässt.
So fault er nicht und kann lange gelagert werden. Aufbewahrt werden die reifen, gesunden und unbeschädigten Kürbisse ungewaschen bei kühlen Temperaturen. So sind sie oft mehrere Monate lang haltbar.

Äpfel, Physalis, Weintrauben, Melone, Birne, Cranberrys und Herbsthimbeeren sind reif. Aus späten Zwetschgen wird Kompott und Kuchen. Quitten lassen sich zu Gelees und Süßigkeiten verarbeiten, mit denen du dir die kalten Monate versüßen kannst.

Wildsammlung
In der freien Natur lässt sich auf dem Herbstspaziergang einiges an Leckereien sammeln. Brombeeren, die ersten Schlehen Ende Oktober, Esskastanien und Haselnüsse sind Geschenke der Natur, die du – mit Rücksicht auf Tiere – zusätzlich auf den Teller holen kannst.

Allgemeine Gartenarbeiten im Vollherbst

Jetzt im Vollherbst wird es golden und bunt in der Natur. Quitten reifen duftend im Garten, Walnüsse und Esskastanien fallen vom Baum und der Wilde Wein rötet sich an den Waldrändern. Im Vollherbst kannst du dich von den Ernte- und Verarbeitungsaufgaben des Sommers entspannen und dich deinen Obstbäumen und Beerensträuchern mit Schnitt und Pflege widmen.

Langsam, aber sicher bereitet sich die Natur auf Winterschlaf und Rückzug vor. Einen kleinen Beitrag für den Umweltschutz kannst du leisten, wenn du deinen Garten nicht zu akribisch aufräumst. Totholzecken und Laubhaufen schaffen Lebensräume und Winterquartiere für Nützlinge, beispielsweise für den Igel.

Die Temperaturen fallen weiter und erreichen nachts manchmal schon frostige Grade. Die frostempfindlichen Fruchtgemüse sollten deshalb vor den ersten Frostnächten abgeerntet sein. Kohl und Wurzelgemüse dürfen weiter im Beet stehen bleiben.

NOCH ZEIT FÜR DIE ERNTE

Gemüsesorten, die noch im Beet stehen bleiben können, sind Brokkoli, Sellerie, Kohlrabi, Rettich und Rote Bete. Sie alle vertragen leichte Fröste. Doch um ganz sicher zu gehen, solltest du sie mit einer Mulchschicht oder einem Vlies schützen, zumindest nachts. Wenn du sie in einem Hochbeet gezogen hast, kannst du es mit einem Aufsatz abdecken, um mildere Temperaturen zu halten. So kannst du noch einige Zeit frische Gemüse ernten.

Ein Insektenhotel ist schnell gebaut und bietet vielen nützlichen Arten Schutz.

Statt sein Schnittgut wegzubringen, kann man damit eine Totholzhecke anlegen.

OBSTBAUMSCHNITT

Der beste Zeitraum, um deinen Obstbäumen einen Rückschnitt zu gönnen, liegt zwischen dem späten Vollherbst und dem Winter. Dabei ist das Ziel, eine übersichtliche Krone zu erhalten, die es dem Baum ermöglicht, seine Energie im nächsten Jahr in eine effektive Fruchtbildung zu stecken, statt in die Unterhaltung vieler Blätter.

Mit einem jährlichen Schnitt förderst du Wachstum und Ertrag des Baumes. Für den Obstbaumschnitt verwendest du eine Säge, eine Astschere mit langem Griff und eine einfache, scharfe Gartenschere. Fünf bis sieben Hauptäste sind genug für einen gesunden und reich tragenden Baum. Entferne zunächst verletzte Äste und Zweige und schneide alle, die sich überkreuzen, berühren oder nach innen wachsen, heraus. Vermeide, dass »Kleiderhaken« an den Ästen stehen bleiben. Bestimme dann die gewünschte Form deiner Baumkrone und mache dir gegebenenfalls eine Zeichnung oder markiere auf einem Foto deine Vorstellung. Die Äste, die du erhalten möchtest, kannst du zur Übersichtlichkeit mit einem farbigen Band versehen. Die Hauptäste solltest du so weit zurückschneiden, dass sie gleich lang sind.

Achte bei allen Schnitten darauf, so nah wie möglich und so glatt wie möglich am Ast zurückzuschneiden. So heilt der Schnitt schnell und Krankheitserreger haben weniger Chance in die Schnittfläche einzudringen.

Der Baumschnitt schadet den Pflanzen nicht, sondern hilft ihnen, im nächsten Jahr mit neuer Kraft auszutreiben.

Richtig kompostieren

Ab Frühherbst fallen im Garten vermehrt Grünabfälle in Form von Baum- und Strauchschnitt, abgeernteten Gemüsepflanzen oder Rasenschnitt an. Diese bilden eine gute Grundlage für deinen Komposthaufen.

Kompostieren bedeutet, dem Boden Nährstoffe und Substanz zurückzugeben, die du ihm entnommen hast. Organische Abfälle aller Art werden im Kompost durch komplexe Abbauprozesse von Mikroorganismen und Kleinlebewesen in ein neues, wertvolles Produkt verwandelt, das chemische Düngemittel in allen Anwendungen ersetzen kann – und das garantiert ohne den Abbau wertvoller Torfmoore. Die Untermischung von Kompost lockert den Boden, sorgt für eine gute Versorgung mit Sauerstoff und das fördert das Wasserhaltevermögen der Erde. Kompost schont außerdem dein Budget, weil du durch seinen Einsatz keine Düngemittel oder spezielle Erden zukaufen musst.
Noch Fragen? Hier folgen die Antworten:

NO-GO FÜR DEN KOMPOST

1. Gekochte Lebensmittel, insbesondere Fleisch, solltest du nicht auf den Kompost geben, um keine Ratten anzulocken.
2. Asche aus dem Kamin ist meist schadstoffbelastet und nur selten sauber genug für eine Kompostierung.
3. Schnittblumen, Immergrüne und Schalen von konventionell angebauten Zitrusfrüchten, Bananen und Mangos sind mit Fungiziden und Pestiziden behandelt, die sich dann in deinem Kompost anreichern und im Beet später in deine Nahrung übergehen. Auch sie gehören generell nicht in den Kompost.

WO SOLL DER KOMPOSTHAUFEN STEHEN?

Dein Komposthaufen sollte halbschattig stehen, damit er nie ganz austrocknet, aber immer etwas erwärmt wird. Komposthaufen an zu schattigen Orten können nicht gut abtrocknen, wodurch die Masse zu feucht bleibt und schnell schimmelt und stinkt. Auch an zu sonnigen Standorten kommt es schnell zu Geruchsbelästigung und zusätzlich zu Ameisenbefall.
Übrigens: Im Handel sind auch Thermokomposter erhältlich. Das sind mit Deckeln verschließbare Kunststoffcontainer, in denen der Kompost unter Wärmeeinwirkung schneller heranreift als in einem klassischen offenen Kompost. Thermokomposter müssen am besten in der direkten Sonne stehen, damit sich darin erforderliche hohe Temperaturen von 50 bis 70 Grad entwickeln können.

Wähle den Standort deines Komposthaufens so, dass du ihn gut mit der Schubkarre erreichen kannst. Ein Standort in der Mitte zwischen dem Haus, um die Küchenabfälle schnell entsorgen zu können, und den Beeten, um den fertigen Humus gut verteilen zu können, wenn er gebraucht wird, ist ideal. Denke auch daran, dass der Komposthaufen nicht zu nah an der Terrasse steht, denn die Aussicht und Gerüche könnten dich stören. Eine Grundstücksgrenze oder Ecke im Garten bietet sich für einen Komposthaufen gut an. Achte aber auch darauf, dass deine Nachbarn nicht durch den Komposthaufen beeinträchtigt werden.

Kein Zukaufen und nützlich entsorgt: Kompostieren spart Zeit und Geld.

WIE WIRD DER KOMPOSTHAUFEN AUFGEBAUT?

Kompost muss von unten zugänglich für die arbeitenden Würmer und andere Bodenlebewesen sein. Andererseits dürfen Wühlmäuse keinen Zugang zu den Leckereien haben, die du dort täglich auftischst. Von daher ist die Grundlage eines jeden Komposthaufens ein engmaschiges Wühlmausgitter. Darauf wird der Kompostbehälter deiner Wahl aufgestellt. Klassiker sind Gestelle aus Holzlatten, die du selbst machen oder als Bausatz kaufen kannst. Gemauerte Varianten müssen von allen Seiten Luftlöcher enthalten. Alle Seiten eines Kompostsilos sollten 1,5 Meter lang sein. Es empfiehlt sich, zwei bis drei Silos zu haben, damit ein Kompost in Ruhe reifen kann, während du mit dem nächsten beginnst. Volle Komposthaufen sollten abgedeckt werden, das geht mit Erde, Folie oder einem alten Teppich.
Jeder Komposthaufen muss von unten belüftet sein. Darum sollte die erste Schicht aus zerkleinerten Ästen und Zweigen bestehen. Um den Kompost in Gang zu bringen, schichtest du nun Reste von altem Kompost über die erste Schicht. Jetzt kann es richtig losgehen mit dem Kompostieren. Gib alle kompostieren Abfälle auf die Starterschicht. Alle paar Tage solltest du den Haufen mit einem Spaten festdrücken. Der Komposthaufen sollte nach oben konisch zulaufen. An trockenen Tagen musst du ihn mit ein wenig Wasser besprengen. Ein fertiger Komposthaufen sollte nicht höher als 1,5 Meter sein.

Fast alles, was aus deinem Garten kommt, darf auch auf den Kompost.

WAS DARF AUF DEN KOMPOST?

Prinzipiell darf alles auf den Kompost, was bei Gartenarbeiten an Abfall anfällt. Also Rasenschnitt, Grünschnitt, Äste und Zweige ohne Dornen, abgeerntete Pflanzen sowie abgeblühte Blumen und Kräuter. Schneide alles mit einer Gartenschere gut klein, dann beschleunigt sich der Kompostierungsvorgang. Achtung! Deine Gartenabfälle sollten frei von Krankheiten sein und Unkräuter sollten vor der Ausbildung von Samen kompostiert werden. Ansonsten bringst du später beides wieder in deinen Beeten aus.

Küchenabfälle sind eine weitere gute Beigabe für den Kompost. Ungekochte Reste und Schalen von Obst und Gemüse, zerkleinerte Eierschalen und auch die Schalen von ungespritzten Zitrusfrüchten darfst du kompostieren. Tee- und Kaffeesatz werden besonders von Regenwürmern sehr gut angenommen. Achte darauf, dass keine Klammern, Schilder, Obstaufkleber, Bändchen und Ähnliches auf den Kompost gelangen.
Wenn du Kleintiere hältst, darf deren Mist ebenfalls auf den Kompost.

MUSS ICH KOMPOST UMSETZEN?

Das Umsetzen des Kompostes etwa alle zwei Monate sorgt dafür, dass dem Material Sauerstoff zugeführt wird. Das erleichtert den Mikroorganismen die Arbeit und beschleunigt die Zersetzungsvorgänge. Zum Umsetzen wird der Kompost schaufelweise durch ein Durchwurfsieb gegeben. Neu aufgeschichtet wird er, indem man das feinkrümelige, reife Material zuunterst legt und unverrottetes Material obenauf platziert. Einige Schaufeln reifer Kompost als Deckschicht beschleunigen die Rotte. Durch das Umsetzen des Kompostes verdichtet das Material und sackt etwas zusammen. Besprenge den umgesetzten Kompost am Ende mit Wasser.

MUSS ICH KOMPOST SIEBEN?

Kompost kann vor der Verwendung durchgesiebt werden. Er wird dadurch feinkrümeliger und leichter zu verteilen. Feine Samen können dann einfacher keimen, außerdem werden die Nährstoffe aus dem Kompost für die Pflanzen leichter zugänglich . Beim Sieben hast du außerdem noch die Gelegenheit, Material zu entfernen, das versehentlich in den Kompost gelangt ist und nicht dort hineingehört. Kompostsiebe sind stabile Holzrahmen mit einer feinmaschigen Drahtbespannung, die du kaufen oder leicht selbst machen kannst.

WIE LANGE BRAUCHT KOMPOST ZUR REIFE?

Reifen Kompost erkennst du daran, dass sich die Würmer in den Boden zurückgezogen haben. Das bedeutet, dass sie das gesamte Material verarbeitet haben und die Umsetzungsprozesse abgeschlossen sind. Nach etwa einem bis anderthalb Jahren sollte der Kompost reif sein.

KOMPOST, TERRA PRETA, BOKASHI?

Es gibt aber noch andere Möglichkeiten, aus organischen Abfällen Dünger und Bodenverbesserer herzustellen. Zwei sehr effektive Methoden haben in Japan und Südamerika ihren Ursprung und eine lange Tradition: Bokashi und Terra preta.

Bokashi

Bokashi stammt aus Japan. Das Wort hat die lustige und passende Bedeutung »fermentiertes Allerlei«.

Bokashi ist ein wahres Wunderelixier und entsteht aus all dem, was du normalerweise in der Küche wegwerfen würdest.

Bokashi kann nämlich aus allem hergestellt werden, was in der Küche an Abfall entsteht. Bananenschalen können ebenso verwendet werden, wie die Reste von Nudeln mit Tomatensoße. Sogar Fleisch darf in den Bokashi gegeben werden. Das Ganze wird – so wie es eben in der Küche anfällt – klein geschnitten in einen luftdicht verschließbaren Eimer gegeben. Im Handel sind spezielle Bokashieimer erhältlich, ein Eimer mit Deckel aus dem Baumarkt tut es aber auch.
Mikroorganismen werden als Pulver Schicht für Schicht über die Abfälle gestreut und setzen die Gärungsprozesse in Gang. Bokashi ergibt einen effektiven Dünger, der im Nutzgarten ebenso verwendet werden kann wie für Grünpflanzen. Das fertige Ferment ist in nur wenigen Wochen gebrauchsfertig.
Zusätzlich entsteht alle paar Tage der sogenannte Bokashisaft, der viele Nährstoffe für die Pflanzen enthält und dem Gießwasser zugegeben werden kann. Reifer Bokashi riecht angenehm und leicht säuerlich. Bokashi und Kompost unterscheiden sich nicht nur im Herstellungsverfahren. Bokashi enthält alle Nährstoffe des hinein gegebenen Abfalls. Zusätzlich entstehen unter Einwirkung der Effektiven Mikroorganismen Vitamine, Mineralstoffe und Enzyme, die direkt oder über Bodenlebewesen deinen Pflanzen zugutekommen.

Terra Preta

Terra Preta, die »schwarze Erde« findet sich in breiten Flößen im Boden feuchter Tropengegenden Südamerikas. Diese dunkle, fruchtbare Erde ist über Jahrhunderte aus Pflanzen- und Speiseresten, sowie tierischen und menschlichen Fäkalien entstanden. Die damaligen Menschen legten zusätzlich Holzasche aus dem Brandfeldbau auf diesen Müllhalden ab. Terra Preta verbindet damit die guten Eigenschaften von Kompost und Mist mit den nährstoffbindenden und wasserspeichernden Eigenschaften der Holzkohle. Das so entstandene Substrat nährt und versorgt die Pflanzen nachhaltig. Bis zu viermal mehr Ertrag lassen sich mit dem »schwarzen Gold« erwirtschaften, ohne dass diese Erde nachgedüngt werden muss.

Bei einem Lagerfeuer im Garten entsteht nebenbei Holzkohle, die du zu Terra Preta verarbeiten kannst.

Originale Terra Preta aus dem Urwald darf nicht abgebaut und verkauft werden. Dennoch gibt es Alternativen, welche die Wirkung der schwarzen Urwalderde nachahmen und die fertig gemischt im Handel erhältlich sind. Sie lassen sich aber auch mit überschaubarem Aufwand aus je einem Teil Pflanzenkohle, Urgesteinsmehl, Effektiven Mikroorganismen (erhältlich in Baumärkten) und reifem Kompost selbst machen. Ob du Jauche oder Mist zugeben möchtest, ist dir überlassen.
Achte darauf, dass du nur reine Pflanzenkohle mit dem EBC-Siegel verwendest. Kohle aus dem Kamin oder Grill lässt sich leider nicht nutzen, weil sie mit Zusatzstoffen belastet ist, die später dir und deinem Gemüse nichts Gutes tun würden.
Wenn du keine speziellen Mikroorganismen kaufen möchtest, kannst du deine Terra Preta auch mit den Milchsäurebakterien aus Biojoghurt, Brottrunk oder selbst angesetzter Pflanzenjauche verwenden.

Gärtnern im Einklang mit der Natur

Selbst gezogenes Obst und Gemüses sind ein Geschenk der Natur. Dabei gilt besonders im Nutzgarten, der Umwelt nicht mehr zu entnehmen, als man ihr zurückgibt.

Der Klimawandel mit all seinen negativen Auswirkungen wie Hitzewellen, Stürmen und Starkregenfällen wird uns besonders bewusst, wenn wir uns aktiv mit der Natur beschäftigen. Ein eigener Garten bietet die Chance, aktiv sein eigenes Scherflein zum Klimaschutz beizutragen. Co_2-lastige Transportwege und energieaufwendige Aufbewahrungsmethoden entfallen naturgemäß, wenn du Gemüse, Obst und Kräuter selbst anbaust.

GÄRTNERN OHNE GIFTE

Wenn du dein Gemüse und Obst selbst anbaust, kannst du sicher sein, dass das, was auf deinem Teller landet, ohne Gifte produziert wurde, die schlecht für dich und die Ökologie deines Gartens wären. Wer sich aus dem eigenen Garten selbst versorgt, weiß, was auf seinem Teller landet. Wenn du in deinem Nutzgarten naturnah gärtnern möchtest, solltest du auf synthetische Spritzmittel gegen Schadinsekten, Pflanzenkrankheiten und Pilzerkrankungen verzichten. Mischkulturen, in denen sich die Pflanzenarten untereinander begünstigen, eine Pflanzung, die die Bedürfnisse der Pflanze im Hinblick auf Standort, Boden und Pflege berücksichtigt und die Ansiedelung von Nützlingen sind die Mittel der Wahl, um deine Pflanzkulturen gesund zu halten.

PLASTIKFREI GÄRTNERN

Aber schon bei der Anzucht kannst du einen Beitrag zum Umweltschutz leisten. Gärtnere möglichst plastikfrei, indem du Anzuchtbehälter wieder verwendest oder solche aus Papier oder Pappe nutzt, die man kaufen oder selbst machen und kompostieren kann. Im Handel sind des Weiteren Anzuchttöpfe aus Kokosfasern erhältlich, die direkt mit in die Erde gegeben werden, wo sie sich rückstandslos zersetzen. Außerdem gibt es Behälter aus Naturkautschuk, die nachhaltig hergestellt und biologisch abbaubar sind und praktisch ewig halten. Dicke Folien für Erde, Komposterde, Anzuchterde und Co. sparst du ein, wenn du diese Erden selbst herstellst oder mischst. In Baumärkten oder im Kompostwerk kannst du Sand und Kompost lose kaufen. Beides lässt sich auch im PKW transportieren, lege Decken zum Schutz darunter. Alternativ kannst du dir beides häufig auch liefern lassen. Wenn man sich mit Nachbarn zusammentut, spart man Frachtkosten. Lege dir hochwertige Werkzeuge zu, dann musst du nicht so oft nachrüsten und sparst Geld und Ressourcen. Achte darauf, dass deine Werkzeuge plastikfrei sind. Es gibt sie mit Holzgriffen und rostfreiem Stahl, Materialien, die mit etwas Pflege ewig halten. Zudem lassen sie sich reparieren. Hochbeete werden mit einer starken Plastikfolie oder Noppenfolie ausgekleidet, um das Holz vor Verwitterung zu schützen. Wenn du in heimische Harthölzer investierst, kannst du auf solche Folien verzichten. Es stimmt, dass sich viele Hölzer in Kontakt mit Wasser auf Dauer zwangsläufig zersetzen, Harthölzer wie die Robinie oder Lärche halten aber immerhin gute zehn Jahre durch. Im Handel sind Vliese aus Kokosfasern erhältlich, mit denen du dein Hochbeet ebenfalls auskleiden kannst. Solche Vliese sind zwar wasserdurchlässig, halten es aber zumindest ein wenig von den Hochbeetwänden fern. Eine Alternative für Hochbeete aus Holz sind gemauerte Varianten aus Naturstein, die gleichzeitig Insekten und Eidechsen als Lebensraum dienen. Auch Cortenstahl ist ein nachhaltiges Material, das überaus langlebig ist. Hochbeete aus diesem Material entwickeln eine dekorative Edelrostpatina und benötigen inwendig keine Folie. Ebenfalls optisch ansprechend sind Hochbeete aus Weidenruten, die sich mit Lehm abdichten lassen. Solche Hochbeete kommen ebenfalls ohne Plastik aus. Auch Kräuterbeete lassen sich aus Natursteinen mauern und bieten Sonnenplätze für die flinken Eidechsen.

BODENSCHONEND GÄRTNERN

Bereite deine Beete bodenschonend vor, indem du Kleinlebewesen und Mikroorganismen förderst. Das geht am besten mit dem Einsatz organischer Dünger, wie Kompost und Pflanzenjauchen, sowie mit der Verwendung von Mulch, um Feuchtigkeit im Boden zu erhalten, Erosionen vorzubeugen und Nährstoffe zuzuführen.

Wenn du deine Beete gründlich umgräbst, gelangt das Regen- und Gießwasser besser in die Erde.

WASSER SPAREN

Durch eine gute Bodenvorbereitung und -bearbeitung über die Saison lässt sich viel Gießwasser sparen, denn lockerer Boden lässt das Wasser einfacher an die Wurzel gelangen und verschwemmt nicht so leicht. Erfahrene Gärtnerinnen sagen »einmal Hacken spart dreimal gießen«. Bei hohen Temperaturen und lang anhaltender Trockenheit musst du natürlich trotzdem zur Gießkanne greifen. Um deinen Geldbeutel und das Grundwasser zu schonen, sammle so viel Regenwasser wie möglich in Behältern, Regentonnen oder sogar einer Zisterne. Wenn du vor der Pflanzung an die Standortvorlieben deiner Pflanzen gedacht hast, musst du im Verhältnis wenig gießen. Verwende das Gießwasser sparsam, indem du es direkt an die Wurzeln gibst. Ein Gießrand aus Erde vereinfacht gezielte Wassergaben. Gieße lieber in den kühlen Morgenstunden oder abends, wenn die Sonneneinstrahlung gering ist, damit das Wasser nicht verdunstet, bevor die Pflanze es aufgenommen hat.

WILDBLUMENSTREIFEN ANLEGEN

Bunt blühende Ackerstreifen, über denen es flattert, schwebt und brummt, sind in der konventionellen Landwirtschaft ein seltener Anblick geworden. Die für die Ökologie wichtigen Wildkräuter und Wildblumen verschwinden durch Monokulturen und den Einsatz von Pestiziden und Pflanzenschutzmitteln. Bis zu 95 % weniger wilde Arten als noch vor fünfzig Jahren findet man heutzutage an Ackerrändern. Was für den Menschen lästige Unkräuter sind, ist für zahllose Insektenarten Futter, Versteck und Kinderstube. Außerdem stellen sie einen wichtigen Erosionsschutz dar – eine wichtige Funktion besonders in Zeiten der klimawandelbedingten Stürme und Starkregenfälle, die in Deutschland immer häufiger werden. Und weil in der Natur alles zusammenhängt, fördern echte Wildblumenstreifen auch die Artenvielfalt von insektenfressenden Vögeln und kleinen Reptilien und Säugetieren. Du kannst Wildbienen, die wichtige Bestäuber deiner Obstbäume sind, Schmetterlinge und weitere Nützlinge in deinen Garten einladen, indem du zwischen deinen Pflanzungen oder am Rand deines Beetes einen Blühstreifen anlegst. Achte darauf, dass das Saatgut für diesen Blühstreifen heimisches Bio-Saatgut enthält. Entsprechende Hinweise findest du auf den Samentüten.

Übrigens: Für den Anfang genügt es, beim Rasenmähen einen kleinen Bereich auszusparen und deine Wiese zu wogenden Gräsern und vielfältigen Blumen wachsen zu lassen. Es macht Spaß zu entdecken, welche Blumen und Wildkräuter sich in einem simplen grünen Rasen verstecken.

Netzwerke im Internet bieten sogar Saatgutmischungen an, die genau auf die Region in Deutschland abgestimmt ist, in der du lebst. Solche Mischungen enthalten Pflanzen, die zu den heimischen Insekten passen, deren Blüten Pollen und Nektar bieten und die sich selbst wieder aussäen. Und auch auf dem Balkon lässt sich eine Pflanzzone im Sinne eines Blühstreifens ansiedeln, um das urbane Insektenleben zu fördern.

WILDTIERE EINLADEN

Du kannst die Artenvielfalt in deinem Garten erhöhen, wenn du kleinen Wildtieren Unterschlupf lässt. Das ist so leicht getan wie gesagt. Entsorge Laub nicht nach dem Harken, sondern lass Haufen davon als Verstecke für Igel, Mäuse, Blindschleichen und Eidechsen liegen. Sie können tagsüber darin unterschlüpfen und im Winter darin Winterruhe halten. Wassertränken werden von Vögeln und Insekten gern angenommen. Lege sie mit Korkstückchen und Ästen aus, damit die

Marienkäfer sind im Garten gern gesehene Gäste, die für dich den Blattläusen zu Leibe rücken.

Tiere eine Kletterhilfe haben und nicht ertrinken. Spezielle Fledermauskästen sind eine willkommene Immobilie für die in Deutschland heimischen 25 Fledermausarten. Insektenhotels aus Zweigen, Lehm und Steinen sind schnell selbst gebaute Nisthilfen für Insekten und Wildbienen.

Vogelschutzhecke anlegen

Krähen, Tauben und Elstern sind eher ungebetene Gäste im Nutzgarten, weil sie hungrig über Saat, Jungpflanzen und Kirschen herfallen. Kleinere Singvögel sind dagegen deine munteren, zwitschernden Partner im Garten. Es macht nicht nur Spaß, sie zu beobachten und ihrem Gesang zuzuhören, sie picken auch die gefräßigen Raupen von Frostspanner und Apfelwickler von deinen Obstbäumen, vertilgen Blattläuse und Wanzen. Die erwachsenen Falter vieler Raupen sind für die Vögel und ihre Jungen eine Delikatesse. Um Spatzen, Rot- und Blaukehlchen, Heckenbraunellen, Nachtigallen, Meisen, Fliegenfänger, Zilpzalps und Zaunkönige in den Garten zu locken, lohnt es sich, eine Vogelschutzhecke zu pflanzen. Solche Hecken bieten Nahrung und Unterschlupf für viele Vogelarten, insbesondere im Winter. Die Blätter von heimischen Heckenpflanzen stellen außerdem häufig eine Nahrung für viele Raupen dar, die dann wiederum von Vögeln gefressen werden. Zusätzlich finden auch kleine Säugetiere, wie Eichhörnchen und Siebenschläfer, in einer Hecke aus heimischen Gehölzen ein Zuhause und auch Igel verstecken sich gern dort. Sie fressen wiederum ungeliebte Schnecken und Schadinsekten. Vogelschutzhecken sind zusätzlich in puncto Selbstversorgung ein Gewinn, denn es lassen sich dort auch für den Menschen nutzbare Sträucher pflanzen. Darüber hinaus erfreuen die vielfältigen Blattfarben, Blüten und Früchte das Auge.
Einmal gepflanzt, sind Vogelschutzhecken ausgesprochen pflegeleicht. Sie bedürfen kaum Schnitt oder Dünger und müssen auch im Sommer nicht gegossen werden. Hier ein paar Vorschläge:

Die heidelbeerartigen Früchte der Apfelbeere schmecken Mensch und Vogel und bieten letzteren einen Unterschlupf. Die Berberitze ist ein guter Vitamin-C- und Kalium-Spender für Tiere und Menschen. Die kleinen blauen beerenartigen Früchte der Felsenbirne schmecken wie Birnen und werden gern von vielen Vögeln gepickt, die auch in den Zweigen Nistplätze finden.
Die Früchte der Heckenkirsche sind für Menschen nicht essbar, Stare mögen sie umso lieber. Das dichte Laub bietet Unterschlupf. Plus für dich: Die hübschen Blüten verströmen einen lieblichen Duft. Auch die Kornelkirschen sind eine beliebte Speise heimischer Singvögel.
Was die Tiere übrig lassen, kann zu Marmelade verarbeitet werden.
Achtung beim Pfaffenhütchen! Die Beeren sind für Menschen giftig! Die Blätter werden von vielen Raupenarten gefressen. Die kleinen weißen Blüten des Schlehdorns sind eine üppige Bienenweide, die Beeren werden gern von Vögeln gefressen und können auch von Menschen genutzt werden.
Beim Schwarzen Holunder schätzen Vögel die Beeren und die weißen Blütendolden werden von unzähligen Insekten angeflogen. Beeren und Blüten sind für den Menschen nutzbar.
Das Vogelobst schlechthin ist die Vogelbeere. Die Tiere werden von der leuchtenden Farbe ihrer Beeren angezogen und nisten in den dichten Zweigen. Die Früchte sind gekocht auch für Menschen genießbar.
Viele Wildrosenarten bieten Nistplatz, Bienenweide, Unterschlupf und mit den Hagebutten Nahrung für Vögel. Bienen, Hummeln und Menschen lieben die Blüten. Der Weißdorn verströmt im Juni einen betörenden Duft und bietet Heckenbraunelle, Dorngrasmücke, Zilpzalp, Goldammer oder Neuntöter Nistgelegenheiten.

Überblick:
Was liegt an?

1. DEN GARTEN WINTERFEST MACHEN
2. OBSTBÄUME PFLANZEN
3. EMPFINDLICHE PFLANZEN ÜBERWINTERN
4. MULCHEN ZUR BODENVORBEREITUNG

Herbstlich willkommen!
Obstbäume kannst du noch
im Spätherbst zwischen **Mitte Oktober**
und Anfang November pflanzen.

VORZIEHEN

Das Vorziehen von Kräutern und Gemüsen pausiert noch immer. Im Haus kannst du auf Sprossensieben und Sprossenbowls aber immer wieder Sprossen von Getreide, Kohl und Hülsenfrüchten ziehen.

SÄEN

Im Spätherbst keimen die allermeisten Gemüse nicht mehr, also ist das Säen für dieses Jahr vorbei. Dicke Bohnen lassen sich aber jetzt immer noch legen, sie keimen im Spätherbst noch und wachsen gut an. Die Pflanzen überwintern dann im Beet und sind im nächsten Jahr das erste Bohnengemüse, das auf den Tisch kommt

PFLANZEN

Winterharte Sorten von Zwiebeln und Knoblauch vertragen kalte Böden und Frost sehr gut. Damit du Zwiebeln schon früh im nächsten Jahr ernten kannst, solltest du sie noch im Spätherbst ins Beet bringen. Genauso geht es mit Knoblauch. Wurzelnackte Obstbäume und Beerensträucher darfst du setzen außerdem Weinstöcke.

ERNTEN

Im Spätherbst ist der Sommer zu Ende und das letzte Sommergemüse aus den Beeten endgültig verschwunden. Aber du kannst immer weiter Kohlsorten ernten, etwa Rotkohl, letzten Spross-Brokkoli, Blumenkohl, Rosenkohl, Grünkohl, Kohlrabi aus Sommeraussaat. Auch Blattgemüse gibt es noch: Du erntest Rauke, Kresse, Feldsalat, Spinat, asiatische Blattgemüse, Endivie, Radicchio und Mangold. Porree, Stangensellerie, Pastinaken, Herbstrüben, Knollensellerie, Möhren, Winterrettich und Topinambur kannst du aus der Erde befreien.

MARONEN LOHNEN

Bis Ende Oktober kannst du in den Wäldern Maronen sammeln. Gebacken im Backofen, zu süßem oder herzhaft abgeschmecktem Püree oder als köstliche Kuchenzutat sind Esskastanien delikat und nahrhaft. Auch Pilze lassen sich bis in den Spätherbst hinein von herbstlichen Waldspaziergängen mitbringen.

SONSTIGES

Schwarzwurzeln sind jetzt erntebereit und schmecken in winterlichen Eintöpfen, in Currys und als Auflauf überbacken. Um die Schwarzwurzeln zu ernten, musst du neben der Pflanze mit einer Grabegabel einstechen und sie mittels Hebelwirkung nach oben befördern. Schwarzwurzeln werden nach der Ernte nur grob abgebürstet. Sie dürfen aber auch ganz einfach im Boden verbleiben.

Kohlsorten aus deiner Sommeraussaat sind jetzt bereit für die Ernte.

Allgemeine Gartenarbeiten im Spätherbst

Morgendliche Nebelschwaden in sich lichtenden Wäldern, frischer Wind und kräftiger Regen bestimmen die Atmosphäre im Spätherbst. Der Blattfall unserer heimischen Laubbäume zeigt den phänologischen Spätherbst am deutlichsten an.

Während die Blätter von Hasel, Apfel und Wein fallen, überziehen nachts die ersten Fröste den Garten mit zierlichen Kristallen. In manchen Regionen schneit es sogar schon hin und wieder. Der Spätherbst ist kein typischer Aussaatmonat. Der November ist aber der beste Zeitpunkt, um Obstbäume und Beerensträucher zu pflanzen. Sie wurzeln dann über den Winter gut an und sammeln Kräfte für den Austrieb im kommenden Frühjahr. Auch Weinstöcke kannst du um diese Zeit gut setzen.

MULCHEN

Das Mulchen zum Schutz vor Sonne, Wind und Regen und zur Bodenverbesserung ist grundsätzlich das ganze Jahr über sinnvoll. Du solltest aber vermeiden, gefrorenen Boden mit Mulch zu bedecken. Durch die Mulchschicht würde der Frost im Boden länger gehalten und der Boden sich im Frühjahr langsamer erwärmen. Mulche deshalb großzügig vor den ersten Frösten zum letzten Mal. Der Boden kann dann den Winter über abgedeckt bleiben.

GARTEN WINTERFEST MACHEN

Die Natur stellt jetzt die Vegetationsperiode ein und bereitet sich auf die Winterruhe vor. Auch du kannst dich von den typischen Arbeiten aus Frühling und Sommer verabschieden und deinen Garten winterfest machen. Im Freiland überwinternde Gemüsesorten, wie Schwarzwurzeln, Topinambur, Pastinaken, Kohlsorten oder Rote Bete, kannst du mit einer Schicht Laub mulchen, von dem jetzt reichlich anfällt. Die schützende Schicht aus trockenen Blättern bewahrt die Pflanzen vor zu starkem Frost. Auch die winterharten Varianten von Lauch und Porree freuen sich über ein warmes Deckbett aus Laub. Wenn du noch Mulchmaterial übrig hast, kannst du es aufhäufen und kompostieren. Solcher Laubkompost ergibt im Frühjahr wertvollen Humus. Wenn in deinem Garten kein Laub anfällt, kannst du deine frostempfindlichen Pflanzen auch mit Vliesen abdecken.

EMPFINDLICHE PFLANZEN ÜBERWINTERN

Gemüsepflanzen, die du in Kübeln auf der Terrasse oder dem Balkon gepflanzt hast, solltest du windgeschützt an eine Wand rücken. Alte Kartoffelsäcke

aus Jute oder speziell dafür im Handel erhältliche Stoffbeutel können über die Baumkronen von jungen Obstbäumen gezogen werden, um sie vor harscher Witterung zu schützen.
Achtung: Manche Keramikkübel sind nicht frostfest. Sie werden bei Frost von eingeschlossenem Wasser gesprengt und platzen. Umgib unglasierte Tonbehälter deshalb bei tiefen Temperaturen mit Vliesen aus Jute oder Ähnlichem.
Zitrusfrüchte können nicht im Freien überwintern. Du solltest sie in einem kalten Gewächshaus, im Keller oder in der Garage unterbringen. Als Faustregel für die Überwinterung gilt: Je dunkler der Raum, desto kühler sollte er sein. Die idealen Temperaturen für eine Überwinterung liegen bei zwischen fünf und fünfzehn Grad. Spezielle LED-Lampen tun Zitronen- und Orangenbäumen im Winterquartier gut.

Spalierobst braucht wenig Platz und kann auch direkt an die Hauswand gesetzt werden.

OBSTBÄUME PFLANZEN

Der Spätherbst ist die richtige Zeit, um Obstbäume zu pflanzen. Bevor du mit einem oder mehreren Obstbäumen den Bund fürs Leben eingehst, solltest du dir einige Gedanken machen: Welche Obstsorten isst du gern? Was mag deine Familie? Bist du auf die vielseitigen Klassiker wie Äpfel, Birnen, Kirschen oder Pflaumen aus oder möchtest du dir mit exotischeren Sorten wie Feigen oder rankende Kiwis, die durchaus auch in milderen Klimazonen in Deutschland gedeihen, etwas südliches Flair in deinen Garten holen? Und wie viel Platz hast du? Ausgewachsene hochstämmige Obstbäume beanspruchen gut und gerne zwanzig Quadratmeter Platz. Ein Spindelbaum oder Spalierobst lässt sich auch in kleinen Gärten oder auf der Terrasse unterbringen.
Um viele Früchte zu tragen, brauchen Obstbäume häufig einen Partnerbaum der gleichen Art in der Nähe. Es lohnt sich also, zwei Bäume einer Art zu setzen. Passende Befruchter-Sorten sind optisch kaum zu identifizieren. In einem eher städtischen Gebiet kann man davon ausgehen, dass »was Passendes« in der Nähe steht.
Spalierobst wurde in der Baumschule so erzogen, dass sich die Krone flach zweidimensional ausbreitet. Manche Spaliere für Hauswände breiten sich auch fächerförmig diagonal aus. Durch diese flache Ausbreitung können Sonnenlicht und Wärme von den Früchten bestmöglich genutzt werden. Spalierobst wächst niedrigstämmig und braucht zur Unterstützung der langen Äste ein Gerüst oder einen Zaun. Die Früchte von Spalierobst wachsen direkt an den seitlichen Ästen. Spalierobst begrünt Südwände am Haus oder dekoriert kahle Schuppen, muss aber durch gezielten Rückschnitt und Anbinden der Äste in Form gehalten werden. Das erhöht den Pflegeaufwand gegenüber anderen Baumformen.
Spindelbäume und Buschbäume: Dabei handelt es sich um niedrig wachsende Baumtypen, deren Krone mit etwa vier Quadratmetern deutlich weniger Platz als ein Hochstamm benötigt. Der Spindelbaum hat eine kompakte Wuchsform, er trägt die Früchte nicht an den Zweigen, sondern direkt an den seitlich vom Stamm wachsenden Ästen. Attraktiv ist dabei, dass du durch den geringen Platzbedarf mehrere Obstsorten anbauen kannst als bei den breiteren Hochstämmen.

FÜNF SCHRITTE ZUM OBSTBAUMTRAUM

1.

Standort wählen

Um süße, gesunde Früchte zu ernten, muss dein Obstbaum viel Sonne bekommen. Ein sonniger Standort ohne Konkurrenz durch vorhandene Großbäume eignet sich gut. Informiere dich über Regelungen zum Abstand, den du zur Grundstücksgrenze. einhalten musst. Deine Gemüsebeete sollten nicht im Schatten der Obstbäume liegen.

2.

Pflanzloch ausheben

Wenn du den endgültigen Standort für deinen Obstbaum festgelegt hast, stich mit einem scharfen Spaten das Pflanzloch aus. Der Baum sollte so tief in der Erde stehen, wie er es auch in der Baumschule getan hat. Du kannst diesen Pflanzhorizont auch bei wurzelnackten Bäumen am Stamm gut erkennen. Als Faustregel sind das 1,5-fache des Ballens/des Wurzeldurchmessers für einen Jungbaum anzunehmen. Die Grassoden, die du abgestochen hast, gibst du auf den Kompost. Der Aushub muss mit der Grabegabel gründlich gelockert werden, sodass feinkrümelige Erde entsteht. Entferne

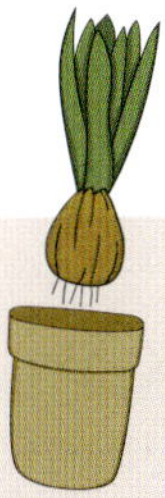

alle Steine, Wurzeln und andere Fremdkörper. Lockere die Erde am Grund des Pflanzloches ebenfalls gut auf.

3. Das Pflanzloch und die Wurzeln gut wässern

Damit dein Baum gut anwachsen kann, sollte er schon vor der Pflanzung ausgiebig gewässert werden. Stelle die Wurzeln dazu einige Stunden in einen Eimer Wasser. Vor der Pflanzung sollte das Pflanzloch mit Wasser gefüllt und gewartet werden, bis es vollständig versickert ist.

4. Baumpfahl setzen

Ein Baumpfahl gibt deinem Baum in den ersten Jahren Halt. Geschüttelt vom Wind würden sonst die feinen Haarwurzeln immer wieder abreißen. Er wird eine Handbreit neben dem Stamm in den Boden geschlagen. Später bindest du Pfahl und Stamm mit einer Juteschnur in Form einer Acht aneinander. Dabei sollte der Stamm im Windschatten des Baumpfahls stehen.

5. Den Baum einsetzen

Nimm deinen Baum aus dem Wasserbad und inspiziere die Wurzel gut. Trimme beschädigte Wurzeln mit einer scharfen Pflanzenschere. Setze den Baum jetzt entsprechend dem Pflanzhorizont, den du an einem dunklen Ring am Stamm erkennen kannst, in den Boden neben den Baumpfahl. Zum Schutz vor Wühlmäusen, die es auf die jungen Wurzeln abgesehen haben, kannst du zudem einen Wühlmauskorb um die Wurzeln legen, der nun mit eingepflanzt wird. Fülle das Pflanzloch ringsum mit feuchter Erde auf und klopfe sie schichtweise mit dem Spaten gut fest. Ein kleiner Wall aus Erde ergibt einen Gießrand, der dafür sorgt, dass Regenwasser und Gießwasser später gezielt in den Wurzelbereich gelangen können. Achtung! Dünger oder Kompost nie direkt an die Wurzeln in das Pflanzloch geben. Die hohe Dichte der Nährstoffe kann zu einem Verbrennen der feinen Wurzeln führen.

Hydroponik und Aquaponik

Von der industriellen Landwirtschaft in dein Wohnzimmer: Mit Hydroponik und Aquaponik baust du zu Hause frisches Gemüse an. Ganz ohne Umgraben und Jäten.

Hunderte von Metern perfekt gewachsene, üppige, dicht an dicht aufgereihte Salate in übereinanderstehenden weißen Kunststoffrinnen, grün bestückte Regalgestelle bis zum Horizont, Landwirte in sterilen Overalls, dazwischen verschlungene Wasserschläuche und darüber ein Glashimmel, unter dem keine Vögel kreuzen und keine Bienen summen – was wie ein Postkartenmotiv aus Utopia anmutet, ist in der weltweiten industriellen Landwirtschaft längst ein Teil der Wirklichkeit.

HYDROPONIK

Besonders in urbanen Räumen und heißen, trockenen Regionen der Erde, wie zum Beispiel in Indien oder den Vereinigten Arabischen Emiraten boomt der Nahrungsmittelanbau in solchen Pflanzenfabriken. Hydroponik heißt der Zauber, mit dem vollkommen ohne Ackerboden Nutzpflanzen dicht nebeneinander und übereinander angebaut werden können. Die Wurzeln der Pflanzen stehen dabei direkt in einer wässrigen Nährlösung und werden von einem Pflanzsubstrat – zumeist Steinwolle oder Blähton – festgehalten. Hydroponik ist hocheffizient, weil den Pflanzen stets und gleichmäßig alle Nährstoffe, die sie benötigen, zur Verfügung stehen. Es besteht kein Unkrautdruck und Schädlinge, die in der Erde leben, sind ebenfalls keine Bedrohung. Dadurch müssen keine Pestizide oder Fungizide eingesetzt werden. Hydroponik bietet den Pflanzen perfekte Bedingungen: Licht, Temperatur, Nährstoffe und Luftfeuchtigkeit sind in dieser Anbaumethode in steriler Umgebung vom Menschen perfekt austariert.

Wassereinsatz gegen Wasserverschwendung
Pflanzen in Wasser anbauen und das in trockenen Regionen der Erde – ist das kein Widerspruch? Nein, denn nicht nur die Nährstoffzufuhr, sondern auch die Wasserversorgung der Pflanzen ist in der Hydroponik perfekt optimiert. Gießwasser versickert nicht im Boden, sondern kommt der Pflanze unmittelbar und ohne Verluste zugute.
Ein Salatkopf, der in der Hydroponik gewachsen ist, hat zum Zeitpunkt seiner Ernte lediglich acht Prozent des Wassers verbraucht, das sein grüner Kollege vom Feld benötigt. Auch was den Einsatz von Dünger und Pflegeaufwand betrifft, schlägt die Hydroponik den traditionellen Ackerbau.
Es muss kein Boden umgegraben oder gejätet werden und die Düngung entfällt, weil die benötigten Nährstoffe den Pflanzen maßgeschneidert zugeführt werden.

Zu Wasser und in der Luft

Ein weiterer Vorteil der Anbaumethode in Wasser ist der reduzierte Platzbedarf. Durch die vertikale Ausnutzung des Platzes erhöht sich der Ertrag der Pflanzen bis um das Zehnfache. In Zeiten von Globalisierung und explodierender Weltbevölkerung verspricht ein vertikaler Gemüseanbau wie in

der Hydroponik einen Lösungsansatz, um Energie und Co2-Emissionen für Transport und Lagerung zu minimieren. Sogar die ISS forscht an erdlosen Gemüsekulturverfahren, um lange Weltraummissionen mit frischen Lebensmitteln versorgen zu können oder eines Tages sogar Gemüse auf anderen Planeten anbauen zu können.

DEN SCHREIBTISCH ZUM NASCHTISCH MACHEN

Auch ohne einen geplanten Aufenthalt auf Mond, Mars und im Weltraum kannst du von einer Hydrokultur profitieren.
Gerade wenn du dich mit frischen Lebensmitteln selbst versorgen und deinen Lebensmitteln beim Wachsen zuschauen möchtest, es dir aber an einem Garten oder einem Balkon fehlt, ist Hydroponik eine gute Möglichkeit. Vertikale Aufbauten schaffen genug Platz für eine ansehnliche Ernte. Geeignet für Hydroponik im Haus sind Mittel- und Niedrigzehrer wie Kräuter und Blattgemüse. Fruchtgemüse wie Tomaten, Chilis oder Gurken in einem hydroponischen System anzubauen, ist ein bisschen aufwendiger, aber dennoch gut möglich, solange du sie mit viel Licht über eine Vollspektrumlampe versorgst. Vom Schreibtisch aus Obst naschen kannst du, wenn du Erdbeeren und Heidelbeeren in der Hydroponik ziehst. Hydroponik kann in der Wohnung genauso wie auf dem Balkon oder im Gewächshaus betrieben werden. Im Freien solltest du im Blick behalten, dass das System keinen Frost verträgt. Zudem haben Krankheiten und Schädlinge dort freien Zugriff auf deine Pflanzen. Im Gewächshaus funktioniert der Anbau weitgehend unabhängig von den Jahreszeiten, im Haus muss die Kultur zusätzlich mit einer Vollspektrum-LED-Leuchte ausgestattet werden. In hellen Gewächshäusern entfällt eine solche Beleuchtung. Im Handel sind fertige Systeme erhältlich, die Pflanztöpfe, eine Pumpe, Substrat, die Nährlösung, eine Lampe und gegebenenfalls ein Minitreibhaus enthalten.

Salat ist ein gutes Beispiel für Pflanzen, die mit Hydroponik gut gedeihen.

Durch die Pumpe wird die Nährlösung in einem Wasserkreislauf zum Zirkulieren gebracht und sammelt sich am Ende in einem Tank. Hier beginnt der Kreislauf von vorne. Hin und wieder musst du deiner Fensterfarm neue Nährlösung zufügen. Es gelangt somit kein Dünger in die Umwelt, wo er sich schädlich auswirken könnte.

ÜBERSCHAUBARE ENERGIEKOSTEN

Für die Pumpe und die Beleuchtung in deinem Hydroponiksystem fallen Energiekosten an, die sich aber in überschaubaren Rahmen halten.
Für die Kosten einer Tasse Kaffee im Café kannst du deine kleine Indoorfarm das ganze Jahr über beleuchten. Manche Lampen lassen sich sogar dimmen, wodurch ihre Leuchtkraft einerseits an die Pflanzen angepasst wird und sich andererseits der Stromverbrauch regulieren lässt.

AQUAPONIK

Mit Aquaponik kannst du dein Indoorfarming um eine weitere Dimension erweitern. Hier verbindet man zwei der effektivsten Anbaumethoden aus der kommerziellen Landwirtschaft in einem Modell bei sich zu Hause: Die Aquakultur von Fischen und die Hydroponik. Ein aquaponisches System dient also der Versorgung mit Obst oder Gemüse und Fischen zum Verzehr gleichzeitig. Die Aquaponik hat in vielen alten Kulturen ihren Ursprung. Schon vor zweitausend Jahren haben Maya und Azteken auf beweglichen Flößen, die über den flachen, fischreichen Uferzonen angebracht waren, Gemüse angebaut. Auch aus dem alten China sind solche Anbaumethoden überliefert. Seit den Siebzigerjahren des vergangenen Jahrhunderts wird an effizienten Systemen für die kommerzielle Landwirtschaft geforscht, um Fische und Pflanzen gleichzeitig zu produzieren.

Auch Aquaponik ist für ambitionierte Selbstversorger ein lohnendes Projekt. Es sei vorab gesagt, dass es schwierig ist, sich im kleinen Rahmen zu Hause mittels Aquaponik vollständig selbst zu versorgen. Dennoch ist es spannend, mit einer Aquaponikanlage einen funktionierenden ökologischen Kreislauf nachzuahmen, zu beobachten und die heimische Selbstversorgung durch eine solche innovative Technik zu bereichern.
In der Aquakultur leben Fische in Becken oder Tanks und produzieren mit ihren Ausscheidungen Dünger für die darüber angebauten Nutzpflanzen. Während reine Hydrokulturen mit einem speziellen Dünger versorgt werden müssen, stellen aquaponische Systeme einen Kreislauf dar, in dem die Ausscheidungen der Fische von Bakterien in Nährstoffe umgewandelt werden, welche die Pflanzen aufnehmen können. Auf diese Weise entsteht ein ökologischer Kreislauf, der sich

Bei der Aquaponik entsteht ein perfekter Kreislauf zwischen Pflanzen und Fischen.

weitestgehend selbst erhält. Natürlich musst du die Fische füttern. Die Pflanz- und Fischbehälter in der Aquaponik sind über eine Pumpe miteinander verbunden. Die Pumpe sorgt für einen Ebbe-Flut-Kreislauf, bei dem das Wasser aus dem Fischtank regelmäßig in die Hydrokultur gespült wird. Wintergärten und Gewächshäuser sind gute Standorte für eine Aquaponikanlage, weil sie nicht beheizt werden müssen. Alternativ kann eine Anlage in einem gut isolierten, hellen und gut belüfteten Raum aufgestellt werden. LED-Lampen unterstützen die Versorgung mit Licht. Es gibt im Internet fertige Systeme zu kaufen, die ausgestattet mit Kies und Wasserpflanzen zusätzlich außerordentlich dekorativ sind. Wenn du keine Fische entnehmen möchtest, kannst du auch diverse Zierfische in einem Aquaponiktank halten. Amphibien, Muscheln, Flusskrebse und Wasserschnecken sind eine reizvolle Beigabe in deinem kleinen Ökosystem.

Geeignete Speisefischarten für die Aquaponik sind Flussbarsche, Tilapias, Forellen oder Schleien. Je nach Art des Fisches muss das Wasserbecken temperiert werden. Im Freien geschieht das mittels einer Heizung, während es in Gewächshäusern einfacher ist, eine stabile Temperatur zu halten. Als Bepflanzung eignen sich Blattgemüse, Tomaten, Chilis, Gurken und Kräuter.

In der Aquaponik musst du das Wasser für die Fische nicht erneuern oder filtern, weil es sich über biologische Reinigungsprozesse selbst reinigt, wenn die Pflanzen die Nährstoffe aus dem Wasser aufnehmen. Lediglich hin und wieder muss Wasser aufgefüllt werden, das über Verdunstung verloren gegangen ist. Das System kann, wenn es richtig betrieben wird, nicht überdüngt werden. Wichtig ist ein ausgewogenes Verhältnis von Pflanzen zu Fischen. Als Faustregel gilt, dass starkzehrende Pflanzen eine höhere Dichte von Fischen erfordern.

Aquaponik ist ein techniklastiges Unterfangen, bei dem viele Faktoren wie die Wasserqualität, die Wassertemperatur, der Nährstoffbedarf der Pflanzen, die Zirkulation des Wassers und die Lichtmenge in Einklang gebracht werden müssen. Fertigsysteme nehmen dir einen Teil der Tüftelei ab. Wenn du schon eine funktionierende Hydroponikanlage betrieben hast, wird dir der Übergang zur Aquaponik leichter fallen.

Forellen gehören zu den Fischarten, die gerne für die Aquaponik eingesetzt werden.

Überblick:
Was liegt an?

1.
GARTENGERÄTE PFLEGEN

2.
OBSTBÄUME MULCHEN

3.
CHICORÉE TREIBEN

4.
ANBAU IM HAUS UND GEWÄCHSHAUS

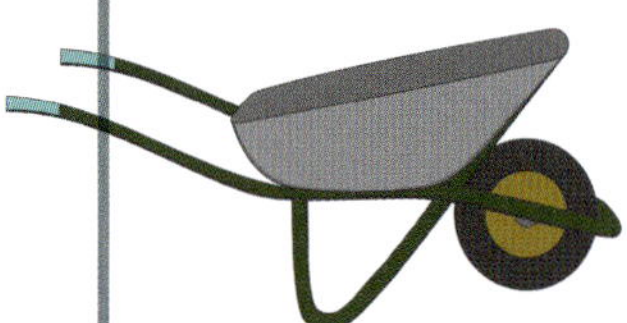

Winterpause war gestern!:
Weiter geht's im Haus von
Anfang November bis Mitte Februar.

VORZIEHEN

In diesen Monaten macht die Anzucht endgültig Pause bis zum Vorfrühling.

SÄEN

Unter den Kaltkeimern lässt sich im Winter bis in den Februar hinein noch Bärlauch säen. Keimen werden die Samen dann im zeitigen Frühjahr.
Im Kräuterbeet können im Winter Angelika Bärwurz gesät werden. Beide Kräuter sind allemal wert, aus der Vergessenheit wieder in den Garten zu ziehen. Der mit der Petersilie verwandte Bärwurz schmeckt als Würzkraut scharf und süß.
Mit Indoor-Gardening begrünst du die kargen Monate: Kresse, Sprossen, Pflücksalate oder Kräuter gedeihen auf der Fensterbank. Auch Pilze kannst du den ganzen Winter über zu Hause anbauen.

PFLANZEN

In milden Gegenden kannst du wurzelnackte Obstbäume und Beerensträucher setzen.

ERNTEN

Im Winter erntest du weiterhin einige Kohlsorten. Rosenkohl, Wirsing und Grünkohl sind prima Vitaminbooster für den gemüsearmen Winter. Aus Grünkohlblättern lassen sich zusammen mit Orangen, Bananen und etwas Ingwer grüne Smoothies zaubern, die dich mit ihrem hohen Vitamin-C- und Eisengehalt gesund durch den Winter bringen. Praktisch ist dabei, dass du die äußeren Blätter des Grünkohls blattweise ernten kannst.
Postelein, Asiasalat, Feldsalat, Rauke, Kresse, Endivie und Chicorée sind frostfeste Wintersalate, die dich den Winter über mit frischem, knackigem Grün erfreuen. Auch zarter Spinat kann im Winter noch nach und nach geerntet werden.
Porree, Winterzwiebeln und Knoblauch sind winterfest bis zu leichten Bodenfrösten.
Im Winter können auch Wurzelgemüse wie Möhren, Pastinaken und Schwarzwurzeln im Boden verbleiben. Auch Sellerieknollen vertragen frostige Temperaturen. Einer kräftigen Wintersuppe aus Knollen und Wurzeln steht also nichts im Weg.

EXKURS CHICORÉE

Im Winter ist Chicorée der Gemüsestar schlechthin. Seine zarten Blätter schmecken süßlich, frisch und knackig und harmonieren mit Nüssen und Früchten in delikaten Wintersalaten. Ihn anzubauen ist ein wenig aufwendig, aber dennoch nicht schwierig und lohnt sich allemal. Einmal gezogen, treiben die hellgelben Blätter ab dem Winter in einem dunklen Keller bis zu acht Monate hindurch immer wieder aus.
Mitte Mai bis Anfang Juli kommen die Samen ins Freiland, in einen gut erwärmten Boden. Es sollten auf keinen Fall mehr Fröste auftreten. Nach dem Keimen vereinzelst du die Pflänzchen auf zehn Zentimeter Abstand.
Im Frühherbst, wenn die lockeren Blätter der Chicoréepflanze sich gelb verfärben, gräbst du die Pflanzen dann mitsamt der Wurzel aus. Entferne alle Blätter, sie sind bitter und können nicht gegessen werden, sie eignen sich aber hervorragend als Mulchmaterial.
Die Wurzeln musst du jetzt in einem kühlen, dunklen Keller für eine Woche in mit Sand oder Erde gefüllte Gefäße legen. In dieser Zeit sollte die Außentemperatur nicht mehr als drei Grad betragen und du musst die Wurzeln regelmäßig wässern. Nach dieser einwöchigen Kältekur darf der Chicorée in ein etwas wärmeres Winterdomizil umziehen. Die Wurzeln lagerst du dabei weiterhin in Sand oder Erde und lässt lediglich die Wurzelköpfe zwei Zentimeter aus der Erde schauen. Halte sie dunkel, indem du sie abdeckst, denn Chicorée treibt in völliger Dunkelheit, wodurch die Triebe charakteristisch hell bleiben und nur wenige Bitterstoffe entwickeln.

Allgemeine Gartenarbeiten im Winter

Anfang Dezember fällt die Natur endgültig in ihren wohlverdienten Winterschlaf. Die Pflanzen stellen ihre Wachstumsphase ein und auch Amphibien und viele Säugetiere ziehen sich in ihre Winterverstecke zurück und halten Winterruhe.

Die meisten heimischen Singvögel haben sich auf den Weg in südliche Gefilde gemacht und nur Amsel, Rotkehlchen und einige Finkenarten sind noch in den Gärten anzutreffen. Unter den Laubbäumen ist die Eiche der letzte Nachzügler, der im Winter seine Blätter verliert und als einziger Nadelbaum wirft die Europäische Lärche ihre Nadeln ab. Eichenlaub solltest du übrigens nicht zum Mulchen von Gemüse verwenden, denn sein hoher Gerbsäureanteil senkt den pH-Wert des Bodens, was die meisten Gemüsepflanzen nicht gut vertragen. Etwa Mitte Februar schließt sich der phänologische Jahreskreislauf mit der Blüte von Zaubernuss und Haselnuss.

Deine Beete hast du im Winter weitgehend abgeräumt, nur wenige frostfeste Arten können im Beet überwintern. Eine Mulchschicht schützt die Pflanzen zusätzlich vor Frostschäden. Wenn du das Glück eines Gewächshauses hast, kannst du darin weiter fleißig säen und ernten. Im Winter hast du Zeit, das vergangene Gartenjahr zu rekapitulieren,

Es gibt einige Wintergemüse, die Frost vertragen und den ganzen Winter über geerntet werden können.

neue Pläne für die kommenden Jahreszeiten zu machen und deine Gartengeräte zu säubern und instand zu setzen. Auch dein Obstgarten kann einen letzten Check vor dem Winter vertragen.

OBSTGARTEN PFLEGEN

Dein Obstgarten erfordert im Winter noch einmal deine Aufmerksamkeit. Wenn du bisher nicht dazu gekommen bist, deine Obstbäume zu schneiden, kannst du jetzt noch einen Winterschnitt vornehmen. Bei der Gelegenheit kannst du von allen Obstgehölzen und Beerensträuchern Steckhölzer zur Vermehrung gewinnen. Schneide hierzu einige entlaubte Triebe der gewünschten Pflanze mit einer scharfen Heckenschere in 15 Zentimeter lange Stücke. Die Hölzer sollten am oberen und am unteren Ende ein »Auge« haben. Das ist ein sichtbarer Ansatzpunkt, aus dem später neue Seitenzweige oder Blätter austreiben. Deine fertig geschnittenen Steckhölzer steckst du nun im Abstand von 20 Zentimetern leicht schräg in einen lockeren Gartenboden. Der Boden sollte auch über den Winter stets etwas feucht gehalten werden. Fröste können den Steckhölzern nicht viel anhaben. Um Ausfälle dennoch weitgehend zu vermeiden, kannst du die Steckhölzer auch alternativ in einem Plastikbeutel über den Winter ins Gemüsefach des Kühlschrankes überwintern und erst im Frühjahr in den Boden stecken. Die nackten Holzstäbe beginnen im Vorfrühling unterirdisch mit der Wurzelbildung und treiben einige Wochen später Blätter aus.

OBSTBÄUME KALKEN

Das Weißkalken von Obstbaumstämmen hat eine lange Tradition. Es ist ein einfaches und biologisches Mittel zum Schutz der Stämme vor Frostrissen und Frostbrand. Besonders im Januar und Februar können solche Frostschäden auftreten, wenn die Sonnenstrahlen die Pflanzensäfte in den Bäumen erwärmen und die Nachtfröste danach einen starken Temperaturabfall schaffen. Gekalkt werden Obstbäume mit einer Mischung aus Lehm, Kalk und Wasser. Den Anstrich kannst du leicht mit einem breiten Malerpinsel rund um den Stamm und auf der Basis der dickeren Äste auftragen. Achtung: Gegen Schädlinge wirkt ein Kalkanstrich nicht. Gegen Frostspanner und Co. solltest du Leimringe zusätzlich um die Stämme legen. Der beste Zeitpunkt für einen Kalkanstrich ist die zweite Dezemberwoche.

Ein Anstrich aus Kalk sorgt dafür, dass sich im Winter die Baumstämme im Sonnenlicht nicht zu sehr erwärmen.

Auch jetzt können deine Obstbäume noch zurückgeschnitten werden.

Checkliste Gartengeräte pflegen

Jetzt, da die Hauptsaison im Garten vorüber ist, hast du Zeit, deine Gartengeräte startklar für den nächsten Frühling zu machen.
Ausbesserungen und Zukäufe können um diese Zeit in Ruhe getätigt werden.

ROST ENTFERNEN

Wenn sich den Sommer über Rost an deinen Gartengeräten gebildet hat, kannst du ihn mit Schleifpapier, einer Drahtbürste oder einem Schleifaufsatz für den Akkuschrauber entfernen. Eine Mischung aus Natron, Essig und Zitronensäure oder einfaches Backpulver desinfizieren die Geräte zusätzlich und helfen effektiv, den Rost zu lösen. Für ein wirksames Reinigungsmittel löse ein Tütchen Backpulver in einer Tasse Wasser auf und verreibe die Mischung auf dem rostigen Gegenstand. Stark eingerostete Werkzeuge kannst du auch in deiner selbst gemachten Anti-Rostlösung über Nacht einweichen. Nagelbürsten und alte Zahnbürsten erleichtern die mechanische Rostentfernung an Scharnieren, Schrauben und in engen Winkeln.

WERKZEUGE SCHLEIFEN

Die Messer und Klingen von Heckenscheren, Sensen und Gartenscheren sollten mindesten ein-

Jetzt ist genug Zeit, um deine Gartengeräte auf Vordermann zu bringen. Befreie sie von Rost und lagere sie trocken ein.

Das Ölen deiner Werkzeuge befreit sie von Schmutz und beugt zusätzlich Rost vor.

In hartnäckigen Fällen hilft eine Drahtbürste, um deine Werkzeuge von Rost zu befreien.

mal jährlich nachgeschärft werden. Du kannst das am einfachsten mit einem Schleifblock machen, der eine grobe Körnung auf der einen Seite und eine feine Körnung auf der anderen Seite hat. Reinige zunächst das Werkzeug von Schmutz, Sand und Pflanzenresten. In sich überlappenden Kreisen fährst du dann mit dem Schleifblock über die Klinge des zu schleifenden Werkzeugs. Beginne mit der groben Seite des Schleifblocks und verwende die feine Seite anschließend für einen abschließenden Feinschliff.
Auch mit einem scharfen Spaten lässt sich besser arbeiten. Das Arbeiten mit sandigen und rauen Böden macht den Spaten über das Jahr stumpf. Du kannst das Blatt mit dem Schleifblock oder mit Feilen von zweierlei Körnung wieder schärfen.

WERKZEUGE ÖLEN

Damit das Werkzeug beweglich bleibt und sich Rost schlechter bilden kann, solltest du es gründlich ölen. Achte darauf, dass alle Scharniere und Verbindungen fest genug sitzen und ziehe sie bei Bedarf nach. Auch die Blätter von Schaufeln und Spaten solltest du mit einem weichen, mit Werkzeugöl getränkten Tuch abreiben. So sind sie vor Rost und Verschmutzungen geschützt.

GUMMITEILE PFLEGEN

Gartenschläuche und Gummiteile an Verbindungen und Ähnlichem können porös werden, besonders wenn sie Wind und Wetter ausgesetzt sind. Vorbeugen kannst du, wenn du deinen Gartenschlauch nach der Benutzung ohne Knicke aufwickelst. Kunststoffteile und Gummis solltest du regelmäßig reinigen. Prüfe jetzt im Winter, ob etwas kaputtgegangen ist und ersetze diese Teile gegebenenfalls. Lagere deinen Gartenschlauch über den Winter unbedingt in leerem Zustand, weil gefrorenes Wasser darin Risse verursachen kann. Wenn du den Gartenschlauch auf Hüfthöhe aufrollst, entleert er sich von ganz allein. Kunststoffteile, Werkzeuge und Gummischläuche sollten in jedem Fall frostfrei in Keller oder Schuppen gelagert werden.

HOLZTEILE PFLEGEN

Besenstiele, Spaten- und Schaufelgriffe sowie die hölzernen Teile von Handwerkzeugen müssen regelmäßig mit einem Holzschutzmittel gepflegt werden, damit sie nicht spröde und spleißig werden. Über den Winter sollten auch Werkzeuge aus Holz nicht im Freien stehen. Eine überdachte, hängende Unterbringung ist richtig für Holzwerkzeug.

Indoor-Gardening

Nur weil die Natur draußen in den Kälteschlaf gefallen ist, musst du nicht auf selbstangebaute Genüsse verzichten.

Das gelagerte, getrocknete, eingemachte oder eingekochte Obst und Gemüse aus dem Vorrat ist im Winter eine große Freude. Und auch auf der Fensterbank und sogar im Keller bieten sich viele Möglichkeiten, die Anbaulücke des Winters zu füllen und deinen Speiseplan mit selbstangebauten Lebensmitteln zu bereichern.

SPROSSEN ZIEHEN

Als Sprossen bezeichnet man das erste Wachstumsstadium einer Pflanze nach der Keimung. Die Saat ist aufgegangen und es zeigen sich ein kleiner heller Stängel sowie die beiden ersten Blättchen, die man Keimblätter nennt. Die Sprossen vieler Pflanzen mitsamt den Samenkörnern sind essbar. Sie gelten als Superfoods, weil sie alle Nährstoffe der späteren Pflanze auf kleinstem Raum gebündelt enthalten. Zusätzlich warten sie auch mit Enzymen und sekundären Pflanzenstoffen auf, welche die Samen und späteren Jungpflänzchen gegen Krankheiten und Schädlinge wappnen sollen und die dir ebenfalls zugutekommen können. Sprossen unterstützen dein Immunsystem, ihre Inhaltsstoffe binden freie Radikale, was die Zellen schützt und Herzkrankheiten sowie Krebs vorbeugen kann. Die Enzyme in den Sprossen helfen, die Bioverfügbarkeit deiner Nahrung deinem Körper leichter verfügbar zu machen.

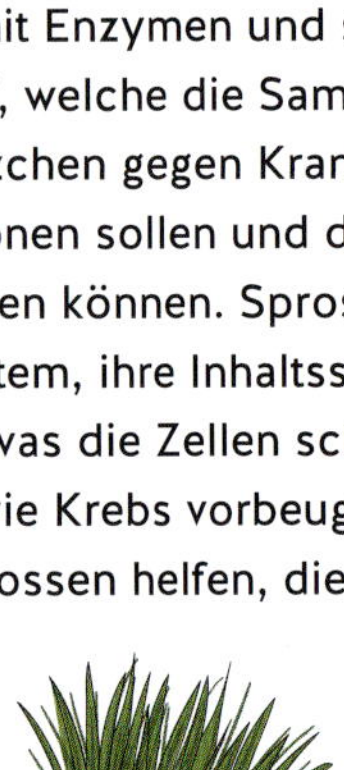

Neben all diesen positiven gesundheitlichen Effekten sind Sprossen auch in der Küche eine vielseitige Bereicherung. Sie geben Salaten zusätzliche Knackigkeit und Würze, peppen Eintöpfe und Suppen auf, geben Füllungen aller Art Biss und verleihen belegten Broten als Topping das gewisse spritzige Etwas. Sprossen wachsen ohne Aufwand auf der Fensterbank und benötigen dafür weder volles Sonnenlicht noch Erde und sie stellen auch keine besonderen Ansprüche an die Luftfeuchtigkeit. So kannst du das ganze Jahr über Sprossen ziehen und besonders im Winter, wenn frische Zutaten aus dem heimischen Garten rar werden, von den kleinen Nährstoffboostern profitieren.

Sprossen zu ziehen gelingt für manche sogenannte schleimbildenden Arten gut auf feuchtem Küchenpapier oder feuchten Küchentüchern. Solche Samen quellen beim Kontakt mit Wasser gelartig auf. Schleimbildende Sprossen sind beispielsweise solche von der Kresse, vom Rucola oder Leinsamen. Du kannst für die Sprossenanzucht auch spezielle Sprossensiebe oder -bowls kaufen, die auf einem Porzellantellerchen aufliegen. Hier keimen deine Sprossen sauber und verkleben nicht so leicht.

Andere Saaten, wie die von Kohl und Getreide, keimen gut in speziellen Sprossengläsern, die nicht viel kosten und sehr einfach und praktisch zu handhaben sind. Hierin müssen die Körner nur

regelmäßig gespült und durchfeuchtet werden. Schon nach ein paar Tagen ist das Glas gefüllt mit den knackigen Keimlingen. Eine weitere Möglichkeit ist die Verwendung sogenannter Keimgeräte. Das sind Türme aus stapelbaren Boxen, die mit Löchern und einem einfachen Bewässerungssystem versehen sind. In solchen Keimtürmen lassen sich platzsparend mehrere Sprossenarten gleichzeitig ziehen.
Das Prinzip bei Schalen, Sieben und Sprossentürmen ist stets das Gleiche: Feuchtigkeit lässt die Saaten zuerst quellen, bevor sie nach ein bis zwei Tagen aufbrechen. Nach bis zu acht Tagen sind die Sprossen dann verzehrbar. Im Kühlschrank halten sich die Sprossen einige Tage frisch.

Welche Saaten eignen sich zur Sprossenanzucht?

Kohlsprossen von allen Kohlsorten punkten mit ihrer intensiven frischen Schärfe, die von den in ihnen enthaltenen Senfölen kommt. Zusätzlich enthalten sie Vitamin C, Vitamin K, B-Vitamine, Folsäure und Beta-Carotin, welches sich unter gleichzeitigem Verzehr von Fettsäuren zu Vitamin K umwandelt. Die Mineralstoffe Magnesium, Eisen und Phosphor halten dein Immunsystem im Winter im Gleichgewicht und stärken Muskeln und Knochen. Kohlsprossen gelten als antioxidativ, anti-kanzerogen, antimikrobiell, immunsystemunterstützend und regulieren auch deinen Hormonhaushalt.
Getreidesprossen schmecken milder als Kohlsprossen und bereichern Suppen, Salate und Eintöpfe mit ihrem mild-nussigen Geschmack. Die Sprossen von Weizen, Roggen, Gerste, Hafer, Hirse oder Mais sind ein guter pflanzlicher Eiweißlieferant. Die hohe Dosis der Vitamine E und C sowie viele B-Vitamine sind ebenfalls ein Argument, warum du Getreidesprossen auf deiner Fensterfarm anbauen solltest.
Bohnensprossen kennen wir besonders aus der asiatischen Küche, wo sie in Wokgerichten oder

Die verschiedenen Sprossenarten keimen schneller in einem verschlossenen Glas.

VIELFALT MIT SPROSSEN UND MICROGREENS

Sprossen und Microgreens lassen sich aus fast allen Kräuter-und Gemüsesamen ziehen. Nicht essbar und sogar giftig sind die Blätter von Nachtschattengewächsen, wie Tomate, Kartoffel oder Paprika. Diese sind auf keinen Fall für den Verzehr geeignet.

als Füllung in Frühlingsrollen eine wichtige Zutat sind. Mung- und Sojasprossen sind die bekanntesten Vertreter der Bohnensprossen. Andere Hülsenfrüchte, von denen sich gut Sprossen ziehen lassen, sind Sojabohnen, Kichererbse, Alfalfa, Erbsen und Linsen. Keimlinge von Hülsenfrüchten sind würzig und aromatisch und ein hervorragender Eiweißlieferant, weshalb sie vor allem für Veganer und Vegetarier interessant sind. Achtung: Hülsenfrüchte enthalten das schwach giftige Phasin, welches heftige Verdauungsbeschwerden hervorrufen kann. Unter Erhitzen zersetzt sich das Phasin und wird unschädlich. Kleine Mengen von Phasin können nicht viel Schaden anrichten, sicherheitshalber solltest du Bohnensprossen aber vor dem Verzehr immer blanchieren oder in der Pfanne rösten.
Ölsaaten kann man ebenfalls keimen lassen. Sie werden allerdings schnell bitter und müssen ein bis zwei Tage nach dem Keimen verzehrt werden. Ölsaaten von Sonnenblumen, Leinsamen, Chia, Kürbis und Sesam enthalten viel pflanzliches Protein und ungesättigte Fettsäuren. Die Keimlinge schmecken leicht nussig, du kannst sie nach Herzenslust roh, geröstet oder gekocht verwenden.
Andere Pflanzen wie der Buchweizen, der kein Getreide im botanischen Sinne ist, die Gartenkresse, Rettich oder Senf bilden knackig frische Sprossen, die besonders in Rohkostsalaten einiges hermachen.

MICROGREENS

Sprossen werden so klein geerntet, dass die Keimlinge alles, was sie brauchen, noch aus dem Speicher der Samenkörner beziehen. Nach etwa acht Tagen benötigen die Pflanzen aber mehr als nur Wasser, Luft und Liebe, um weiter wachsen zu können. Es sind dann immer noch Jungpflanzen, aber einige von ihnen sind besonders in diesem Stadium wertvolle Lebensmittel. Um solche sogenannten Microgreens zu ziehen, brauchst du zusätzlich Erde. Die Erde aus dem Garten ist dafür nicht geeignet, denn sie enthält oft viele Unkrautsamen, die giftig sein könnten. Um eine Verwechslungsgefahr auszuschließen, ist es ratsam, eine gute, torffreie Anzuchterde zu verwenden. Praktisch sind im Baumarkt oder online erhältliche Blöcke aus Kokosfasern, die unter Zugabe von Wasser zu einer guten Startererde aufquellen. Gib die Erde in flache Pflanzschalen oder Anzuchtbehälter. Eine alte Auflaufform, ein altes Backblech oder Ähnliches lassen sich gut in einen mikrogrünen Pflanzteppich umwandeln. Auf den Samentüten findest du Informationen darüber, ob die Saat mit Erde bedeckt werden sollte. Um Staunässe in Behältern ohne Ablauf

Microgreens gibt es in großer Vielfalt. Sei neugierig und lass dich von den verschiedenen Sorten überraschen.

zu vermeiden, kannst du das zarte Grün von oben mit einer Sprühflasche vorsichtig wässern.
Genau wie Sprossen kannst du Microgreens das ganze Jahr über bei Zimmertemperatur anbauen. Direktes Sonnenlicht brauchen sie nicht. Im Sommer genügt es, die Anzuchtschalen in der Nähe eines Fensters aufzustellen, im Winter sollten sie direkt auf der Fensterbank in einem südseitigen Raum wachsen. Anders als Gemüsesamen, deren Pflanzen später noch größer werden sollen und deren Wurzeln in der Erde Platz brauchen, möchtest du von den nur wenige Zentimeter hohen Microgreens möglichst viel auf einmal ernten. Auslichten brauchst du die Samen deshalb nicht. Im Gegenteil – Samen zur Gewinnung von Microgreens sollten möglichst dicht gesät werden, allerdings ohne dabei aufeinanderzuliegen. Nach etwa vier Wochen sind die Pflanzen so weit, um mit einer Schere dicht über dem Boden abgeschnitten und verwendet zu werden.
Microgreens ähneln im Geschmack den aus dem gleichen Saatgut gezogenen Sprossen, sind aber zarter und schmecken milder.

Gestengras hat wenige Ansprüche und keimt schon nach etwa einer Woche.

Gerstengras

Einen besonderen Platz unter den Microgreens nimmt das weiche junge Gras der Gerste ein. Gerste war eins der ersten Getreide, das der sesshaft gewordene Mensch anbaute, mutmaßlich, um die Überjagung von Wildtieren in der Umgebung der Siedlungen auszugleichen. Die Gerste war nahrhaft, vitaminreich und ergiebig und wurde in einfachen Suppen gegessen. Gerstengras enthält Nährstoffe, Vitamine und Vitalstoffe in besonders hoher Dichte. Diese wertvollen Inhaltsstoffe sind unter anderem diese:

- Vitamin C
- B-Vitamine inkl. B12
- Eisen
- Zink
- Kalzium
- Folsäure
- Aminosäuren
- Ballaststoffe
- Chlorophyll

Gerstengras punktet dabei mit mehr Vitamin B11 und Kalzium als Kuhmilch, mit mehr Vitamin C als Zitronen und mit fünfmal so viel Eisen wie Spinat. Außerdem hat Gerstengras eine hohe Bioverfügbarkeit. Das bedeutet, dass die Nährstoffe der jungen Pflanze vom Körper gut aufgenommen werden können. Und das ist ideal zur Unterstützung eines starken Immunsystems.
Der Stoff, der das Gerstengras zusätzlich so wertvoll macht, ist der grüne Blattfarbstoff Chlorophyll. Chlorophyll ist besonders in dem jungen Gras der Gerste hoch konzentriert. Die chemische Zusammensetzung des Blattgrüns und seine Funktion zum Sauerstofftransport ähneln unseren roten Blutkörperchen. Weil sich Hämoglobin und Chlorophyll so ähnlich sind, kann Chlorophyll helfen, Sauerstoff im Blut zu transportieren, das Blut zu reinigen und neue Blutzellen zu bilden.

Der Anbau von Gerstengras ist so einfach wie der anderer Microgreens. Etwa eine Woche nach dem Keimen der Gerstensamen kannst du die Halme mit einer Schere dicht über dem Boden abschneiden.

Übrigens kannst du Gerstengraspulver als Vorrat oder für die Reise auch selbst herstellen. Trockne die abgeschnittenen Halme locker ausgebreitet im Backofen bei etwa 40 Grad. Lasse die Backofentür leicht geöffnet, damit Feuchtigkeit entweichen kann. Nach einigen Stunden sollte das Gras getrocknet sei. Das trockene Gerstengras kannst du nun verarbeiten oder zu Pulver zermahlen. Da UV-Licht wertvolle Inhaltsstoffe zerstören kann, verwende für die Aufbewahrung am besten dunkle Gläser oder klebe Schraubgläser mit Papier ab.

PILZE SAMMELN UND ZÜCHTEN

In der Natur wachsen Pilze vor allem im Frühjahr und im Herbst auf Wiesen und in Wäldern, wenn mäßig hohe Temperaturen und eine hohe Luftfeuchtigkeit zusammenkommen. Man kann sich dann mit einem guten Bestimmungsbuch und einem Korb auf den Weg machen und Rotkappen, Steinpilze, Morcheln, Wiesenchampignons, Täublinge und Pfifferlinge sammeln. Aber Achtung: Pilze aus dem Wald können mit Schwermetallen belastet sein.

Röhrlinge wie dieser Maronenröhrling lassen sich auch von Pilzanfängern leicht identifizieren.

Die kleinen Gesellen sind eifrige Nährstofflieferanten. Kalium, Selen, Phosphor und Niacin gehören neben B-Vitaminen und Eiweißen zu ihrer Fracht. Mit diesen Nährstoffen unterstützen sie deine Muskulatur und Knochen, dein Immunsystem und deine Verdauung. Pilze enthalten außerdem natürliches Insulin und Enzyme, die beim Abbau von Zucker helfen. Deshalb machen Pilze bei nur wenigen Kalorien satt.

Pilze haben aber noch mehr zu bieten. In der Biologie sind sie Grenzgänger zwischen dem Tier- und dem Pflanzenreich. Ein Grund dafür ist Glykogen, das als Speichersubstanz in tierischen Organismen vorkommt, bei den Pflanzen dient Stärke als Kohlenhydratspeicher. Glykogen wird vom menschlichen Organismus sehr viel leichter aufgenommen und verstoffwechselt als die pflanzliche Stärke. Der dadurch niedrigere glykämische Index sättigt länger und ist nicht nur für Diabetiker verträglicher. Pilze enthalten zudem auch wertvolle B-Vitamine, Kalzium und Mineralstoffe in hoher Dichte.

Genau wie Menschen und andere tierische Organismen bilden Pilze durch das Sonnenlicht Vitamin D. Pflanzen können das nicht. Im Freien gewachsene Pilze sind also eine gute Vitamin-D-Quelle in der dunklen Jahreszeit. Besonders wer sich fleischlos oder ganz ohne tierische Produkte ernähren will, profitiert durch eine leckere Pilzmahlzeit von einem Plus an nicht-tierischem Eiweiß, Vitamin D und Vitamin B. Pilze zu Hause selbst zu ziehen, geht aber auch ganz einfach, ob im Keller oder im Garten.

Pilze anbauen mit Fertigkulturen

Fertigkultursets enthalten ein geeignetes Substrat, auf dem der Pilz wachsen kann, und ein Pilzmyzel. Das ist das Wurzelsystem, aus dem später die Fruchtkörper wachsen. Mit so einem Set hast du alles, was du brauchst, um die Pilze wachsen zu lassen. Das Set wird an einem feuchten, am besten unbeheizten Ort aufgestellt, in dem die Temperatur etwa zwischen 10 und 15 Grad liegen sollte. Ein Keller mit einem Fenster zum Lüften ist ein idealer Ort oder ein gut gelüftetes, nicht zu warmes Badezimmer. Pilzkultursets sind pflegeleicht. Nach Anleitung aufgestellt, müssen sie meist nur hin und wieder mit einer Sprühflasche befeuchtet werden. Sie liefern dir mit mehreren Erntewellen mehrfach im Jahr leckere Pilze.

Pilzmyzel kaufen

Im Fachhandel kannst du außerdem lose Pilzmyzelien kaufen, die du in ein Substrat deiner Wahl einbringen kannst. Das Pilzmyzel wächst gut auf nährstoffarmem, aber stickstoffhaltigem Untergrund. Geeignet sind tote Baumstämme, Stroh, Sägemehl oder Kaffeesatz. Nach dem Ausbringen des Myzels im Freien brauchst du meist nicht viel mehr tun, als den Pilzen beim Wachsen zuzusehen. Im Haus muss das Substrat regelmäßig befeuchtet werden.

Pilzdübel

Pilzdübel sind mit Pilzsporen geimpfte Holzstifte, die in gefällte Stämme von Laubbäumen eingebracht werden. Vom Dübel aus durchwächst das Pilzmyzel den Stamm und lässt über mehrere Jahre hinweg immer wieder Pilze sprießen.

REGROWING

Zugegeben, deine komplette Selbstversorgung wirst du mit diesem Trend nicht bestreiten können, ein schönes Experiment ist es aber allemal, aus Gemüseresten und Strünken neue Pflanzen nachwachsen zu lassen. Regrowing heißt das Zauberkunststück und ist eigentlich nichts anderes als das Prinzip der vegetativen Vermehrung. Hier wachsen aus Pflanzenteilen neue Triebe und Blätter nach, die du in der Küche ganz normal verwenden kannst. Damit recycelst du deinen

Austernpilze kannst du mit Hilfe von Anzuchtsets ohne großen Aufwand bei dir zu Hause anbauen.

Wenn du in der Küche nur das Grün der Frühlingszwiebeln verwendest, wächst es im Glas einfach nach.

Gemüseabfall für eine zweite Runde. Möglich ist dies mit einer Reihe an Gemüsepflanzen.

Lauch und Lauchzwiebel: Lauchgewächse lassen neue Blätter wachsen, wenn du das abgeschnittene weiße, bewurzelte Ende des Schaftes einige Tage in ein Glas Wasser stellst. Wichtig ist, das Wasser täglich zu wechseln und die Wurzeln bei der Gelegenheit unter fließendem Wasser zu spülen. Nach einigen Tagen wachsen die abgeschnittenen grünen Lauchblätter nach. Jetzt benötigen sie Nährstoffe zum Wachsen. Die bewurzelten Schäfte kannst du in einen Blumentopf mit Pflanzerde pflanzen. Nach ein paar Wochen kannst du die Stangen beernten.

Chinakohl, Romanasalat und Stangensellerie: Um die Blätter dieser Gemüsepflanzen nachwachsen zu lassen, gib ihnen großzügig einige Zentimeter über der Basis abgeschnittenen Strunk in ein Glas mit Wasser. Die Schnittfläche zeigt dabei nach unten und der obere Teil sollte nicht mit Wasser bedeckt sein. Wechsle das Wasserbad regelmäßig. Nach einigen Tagen wirst du sehen können, dass der Strunk Wurzeln und neue Blätter austreibt. Zu diesem Zeitpunkt kannst du ihn in einen Topf mit Anzuchterde geben. Achte darauf, dass der blättertreibende Strunk nicht vollständig in der Erde versenkt ist.

Grüner Schopf aus Knolle oder Wurzel: Knollen und Wurzeln sind Speicher- und Versorgungsorgane, aus denen oberirdisch die grünen Teile der Pflanze wachsen. Eine Reihe von Pflanzen eigenen sich, um aus ihren unterirdischen Teilen neues Grün zu treiben.

Ingwer und Kurkuma: Diese tropischen Gewächse können gut im Haus in einem warmen Raum gezogen werden. Um Kurkuma und Ingwer wachsen zu lassen, solltest du die Rhizome in Bioqualität verwenden, denn konventionelle Stücke sind mit Keimhemmern behandelt und bilden deshalb keine Triebe. Schneide die Rhizome in fingerlange Teile, die du in ein gut befeuchtetes Küchentuch schlägst. Gib die Wurzeln dann in einen Gefrierbeutel mit Zippverschluss, den du ein wenig offenstehen lässt. Lege die Tüten dann in den Kühlschrank.

Fast alle Gemüsesorten eignen sich fürs Regrowing, probiere es einfach aus.

Nach einigen Tagen bildet sich ein frischer grüner Trieb. Jetzt kannst du die Rhizome in ein Pflanzgefäß legen, das mit Kies (zur Drainage) und Anzuchterde gefüllt ist, und mit zwei Zentimetern lockerer Erde bedecken. Der Trieb sollte dabei ein wenig aus der Erde gucken. Ingwer und Kurkuma benötigen als tropische Pflanzen eine hohe Luftfeuchtigkeit. In einem warmen, hellen Badezimmer auf der Fensterbank entwickeln sie sich gut. Besonders der Kurkuma, der nach einiger Zeit dekorative violette Blüten bildet, ist eine schöne Zimmerpflanze.
In jedem Fall sollten die Pflanzen hell und warm stehen und mit einer Sprühflasche regelmäßig befeuchtet werden. Staunässe solltest du meiden, denn sonst werden die Rhizome schnell faul. Die Pflanzen bilden unterirdisch immer weiter Rhizomausläufer, die du ganz oder in Teilen abnehmen kannst. Hole sie dazu wie beim Umtopfen mitsamt der Pflanze aus der Erde und schneide die gewünschte Menge mit einem scharfen Messer ab. Gib danach alles wieder vorsichtig zurück in die Erde und den Topf.
Übrigens kannst du auch die grünen Pflanzenteile des Ingwers essen. Sie schmecken mild-scharf mit einer zitronigen Unternote und lassen sich klein geschnippelt fantasievoll roh oder gekocht verwenden.
Topinambur: Die Wuchsfreude dieser mit der Sonnenblume verwandten Pflanze ist legendär. Einmal in den Garten gepflanzt, hat sie ihn durch seine unterirdische Ausbreitung bald im Sturm erobert. Topinambur blüht mit schönen, weithin strahlenden Korbblüten und bildet essbare Wurzeln, die wie Kartoffeln zubereitet werden können. Weil sie stärkearm und ballaststoffreich ist, ist die Topinambur besonders geeignet für alle, die sich kalorienarm ernähren möchten. Die Knollen enthalten Inulin, das gesund auf die Darmflora wirkt und Bifidusbakterien fördert, welche krankmachende Keime im Darm verdrängen. Zusätzlich bindet es Wasser und quillt dabei auf. Das macht länger satt und hält den Darm in Schwung. Topinambur keimt, ähnlich wie Ingwer und Kurkuma, in einem Plastikbeutel am besten und kann, sobald sich der grüne Trieb zeigt, in Töpfe, Kübel und Kästen umziehen. Das gelingt rund ums Jahr. Du kannst Topinambur auch im Frühjahr und im Frühherbst in deine Gartenbeete stecken. Achte darauf, die Erde einerseits regelmäßig feucht zu halten und andererseits Staunässe zu meiden. Topinambur gedeiht in jedem Klima auch im Freiland. Achtung: Topinambur hat seine eigene Agenda in deinem Garten und breitet sich unbemerkt und massenhaft aus. Einmal angewachsen, lässt er sich schwer wieder entfernen. Wenn du nicht Topinambur auch in deinem Salatbeet, deiner Blumenrabatte und deiner Kräuterspirale finden möchtest, solltest du vor der Pflanzung im Freiland eine Rhizomsperre einbauen.
Kartoffel und Süßkartoffel: Vergessene Kartoffeln oder Süßkartoffeln bilden in der Kartoffelschublade oft schon freiwillig kleine Triebe aus. Gekeimte Kartoffeln enthalten das giftige Solanin in größeren Dosen und sollten nicht mehr verzehrt werden. Entsorgen musst du sie aber trotzdem nicht, denn sie lassen sich ohne Probleme für den Anbau verwenden. Du kannst sie selbstverständlich auch geplant keimen lassen und dann unter die Erde bringen. Das Besondere bei Kartoffeln und Süßkartoffeln ist, dass sie auch austreiben, wenn sie halbiert oder geviertelt wurden. Die Hauptsache ist, dass das Stück, das du verwenden möchtest, ein sogenanntes »Auge« aufweist. Das ist eine knubbelige Verdickung in der Schale, aus der später die Triebe sprießen. Wenn du die Knollen in Stücke schneidest, ist der Anbau besonders effektiv, denn aus jedem Kartoffelstück wächst eine weitere Kartoffelpflanze.
Möhre und Rote Bete: Diese beiden Wurzelgemüse eignen sich wegen ihres aromatischen Grüns prima zum Regrowing. Schneide dazu von der Roten Bete das obere Ende, aus dem das Grün der Knolle wächst, flach ab. Ebenso

verfährst du bei der Möhre. Etwa drei bis vier Zentimeter sollten die abgeschnittenen Stücke hoch sein. Lege sie mit der Schnittfläche nach unten in einen Behälter mit frischem Wasser, welches du regelmäßig wechselst. Nach etwa einer Woche kann das Rübenstück in einen Pflanzbehälter mit Erde umziehen. Es sollte nur flach ein wenig in die Erde gebettet werden, ohne ganz vergraben zu sein. Stelle den Pflanztopf an einen hellen Ort und halte die Erde regelmäßig feucht. Nach ungefähr drei Wochen kannst du die ersten Blättchen wachsen sehen. Möhrengrün ergibt zusammen mit Nüssen, Öl und Gewürzen ein würziges Pesto oder kann wie Petersilie verwendet werden. Die Blätter der Roten Beten sind eine herrliche Zutat zu bunten Salaten.

Avocado und Mango: Avocados und Mangos sind Früchte, die bei ihrer Ankunft im Supermarkt viele Flugmeilen auf dem Buckel haben. Ihre schlechte Co_2-Bilanz lässt sich ein wenig abfangen, wenn du aus ihnen kleine Mango- und Avocadobäume ziehst. Das geht ohne viel Aufwand und macht riesigen Spaß.

Früchte tragen die beiden tropischen Pflanzen allerdings erst nach einigen Jahren und nur in den feuchten und warmen Bedingungen eines geheizten Gewächshauses oder in einem Wintergarten. Avocadobäume benötigen außerdem zur Bestäubung einen zweiten Baum, weil ihre männlichen und weiblichen Blüten abwechselnd blühen und sich nicht selbst bestäuben können. Avocadokerne keimen, wenn sie einige Tage im Wasser gestanden haben. Sie sollten gründlich vom grünen Fruchtfleisch befreit und gewaschen werden, bevor du sie zur Hälfte in ein Wasserbad stellst. Der Avocadokern kann auf ein kleines

Auch aus einem Stück der Süßkartoffel bilden sich Triebe.

Glas gelegt werden, das gut randvoll mit Wasser gefüllt ist. Alternativ kannst du den Kern rundum mit Zahnstochern abstützen und ein normales Wasserglas verwenden. Stelle das Glas mit dem Kern an einen warmen, hellen Ort und wechsele das Wasser regelmäßig. Nach einigen Wochen kannst du dich über den hervorbrechenden Keim der Pflanze freuen. Auf der gegenüberliegenden Seite bilden sich außerdem feine Wurzeln. Jetzt ist es Zeit, den Sämling umzusiedeln. Normale Pflanzerde ist dafür am Anfang ausreichend. Nach einem halben Jahr solltest du der Pflanze eine Düngergabe gönnen.

Mangokerne keimen zu lassen, ist ebenfalls ganz leicht. Spalte dafür den gut abgeknabberten und gewaschenen Kern vorsichtig an der schmalen Seite. Ritze ihn dazu ringsum ein, ähnlich wie wenn du einen Brief öffnen würdest. Achte darauf, dass du den weichen Samen im Inneren nicht mit dem Messer verletzt. Aus den holzigen Hälften des Kerns kommt jetzt der eigentliche Mangosamen zum Vorschein, der etwa bohnenförmig ist und oft auch schon den Ansatz des Keims zeigt. Der Samen muss jetzt einige Tage gut feucht gehalten werden. Wickele ihn dafür locker in ein feuchtes Küchentuch, gib ihn in einen Gefrierbeutel, den du offen lässt, und bewahre das Päckchen an einem warmen Ort auf. Befeuchte das Tuch regelmäßig. Nach etwa zwei Wochen keimt der Mangosamen und kleine Wurzeln haben sich gebildet. Gib den Samen dann sehr vorsichtig in einen Topf mit nährstoffreicher Erde und bedecke ihn mit drei Zentimetern Erde. Achte darauf, dass du den Keim nicht abbrichst. Er sollte nicht mit Erde bedeckt sein, sondern ein wenig herausschauen.

Mangobäume mögen es naturgemäß warm und Temperaturen über 22 Grad fördern die Keimtätigkeit des Baumes. Es ist wichtig, dass die kleine Pflanze nicht kühler als 15 Grad steht. Ideal ist ein südseitiger Fensterplatz über einer Heizung. Gieße das Mangobäumchen regelmäßig und vermeide dabei Staunässe.

Avocados bei uns zur Blüte zu bringen ist fast nicht möglich – sie sind trotzdem schöne Zimmerpflanzen.

So sieht der bohnenförmige Mangokern aus, wenn er austreibt.

SCHÄDLINGE NÜTZLINGE

Nicht nur du hast Appetit auf zarte Blätter und knackiges Gemüse. Auch Schnecken, Blattläuse, Wühlmäuse und Co. bekommen schnell Wind davon, wenn in ihrer Nachbarschaft ein neues Biorestaurant eröffnet hat.

Friedliche Koexistenz

Wer hat, der hat: Nämlich einerseits leckeres Gemüse, andererseits Vögel, Schnecken, Insekten und Nagetiere als ungebetene Mitesser. Schonende Abwehr- und Vergrämungsmethoden greifen so wenig wie möglich in das Ökosystem ein.

VÖGEL

Vögel sind deine gefiederten Freunde und Feinde zugleich. Kleinere Singvögel können deinem Garten nicht viel anhaben. Sie erfreuen dich mit ihrem fröhlichen Gezwitscher und munterem Geflatter und ernähren sich sogar von Raupen, Blattläusen und Wanzenlarven. Damit unterstützen sie dich in der Schädlingsbekämpfung. Größere Vögel wie Krähen, Elstern und Tauben können es aber auf deine Jungpflanzen und deine Saat abgesehen haben. Diese Vögel solltest du vergrämen, wenn du ihre Anwesenheit bemerkst. Ausgerupfte Jungpflanzen und Fraßschäden an den Pflanzen deuten auf Schäden durch Krähen oder Tauben hin.
Ausrangierte CDs, die locker zwischen den Pflanzungen an einem Stock oder als Mobiles in Bäumen im Wind baumeln, vertreiben die Tiere mit unregelmäßigen Lichtreflexen. Außerdem können flatternde Bänder aus Plastiktüten oder festem Stoff wirksam sein.
Feinmaschige Kulturschutznetze, die locker über die Beetreihen gelegt werden, halten auch

Netze und bunte Bänder halten ungebetene Vögel von deinen Beeten fern.

Vögel von Aussaaten und Pflanzen ab. Auch deine Obstbäume können so mit Kulturschutznetzen geschützt werden.

SCHNECKEN

Schnecken, allen voran die Nacktschnecken, gehören wohl zu den gefürchtetsten Schädlingen in Nutzgärten. Sie können über Nacht eine ganze Neupflanzung von jungen Kohlpflanzen, Salaten und anderen Gewächsen vernichten. Es gibt einige Hausmittel, die wirksam gegen Schnecken sind, ohne andere Bodenorganismen oder deine Haustiere und dich zu schädigen.

Wie gegen Schnecken vorgehen?

Es gibt einige Möglichkeiten, sich gegen die schleimigen Mitbewohner zu wehren, ohne zur Chemiekeule zu greifen. Am besten probierst du aus, was für dich und deinen Garten passt und kombinierst möglichst viele Varianten.

Pflanzenvorsprung

Schnecken essen lieber junge, zarte Blätter. Durch eine Voranzucht im Haus oder Gewächshaus haben deine Gemüsepflanzen einen Vorsprung, denn sie sind beim Auspflanzen älter und haben festere Blätter mit für Schnecken unappetitlichen Bitterstoffen und ätherischen Ölen.

Anders gießen

Eine geschickte Gießroutine kann eine Schneckenplage eindämmen. Gieße in den Morgenstunden statt abends, wenn die überschüssige Feuchtigkeit nicht verdunstet und die feuchtigkeitsliebenden Schnecken auf Beutezug sind.

VOGELSCHEUCHE

Vogelscheuchen sind eher dekorativ als nützlich. Die klugen Vögel gewöhnen sich schnell an die Anwesenheit der Strohmänner.

Gefahr aus dem Dunkel: Nacktschnecken können über Nacht deine Pflanzen verputzen.

Wenn du bei der Gartenarbeit Schneckeneier findest, solltest du sie in der Biotonne entsorgen.

Bodenbearbeitung

Regelmäßiges Hacken ist gut für deine Pflanzen und legt Schneckengelege frei. Entsorge die Gelege in die Biotonne. Sorge dafür, dass in der unmittelbaren Umgebung deiner Beete keine Steine oder feuchten Hölzer als unbeabsichtigte Schneckenverstecke liegen. Auch Gehwegplatten stellen eine willkommene Behausung für Nacktschnecken dar. Kontrolliere diese regelmäßig und sammle Gelege und Schnecken ab.

Auch wenn es wie Sisyphosarbeit wirkt – mit dem Absammeln von Schnecken beugst du Nachwuchs vor.

Kein Angst vor den warzigen Amphibien! Kröten sind im Kampf gegen Schnecken auf deiner Seite.

Enten und Hühner lieben Schneckeneier. Das kannst du dir im Garten zunutze machen.

Absammeln

Diese altbewährte Methode ist gut zur Schneckenbekämpfung geeignet, weil sie keine anderen Organismen im Garten schädigt. Lege dazu einige feuchte Bretter oder Tonziegel neben deine Beete. Spät abends kannst du diese »Fallen« umdrehen und die sich darunter versteckenden Schnecken absammeln. Auch wenn es zunächst die einfachste Lösung scheint – das Bundesumweltamt empfiehlt, die gesammelten Weichtiere nicht andernorts auszusetzen, denn das kann eingespielte Ökosysteme an dieser Stelle durcheinanderbringen. Angenehm ist es sicher nicht, aber die Tiere sollten kurz und schmerzlos getötet werden. Du kannst sie entweder zerschneiden, mit kochendem Wasser überbrühen oder über Nacht in einer Tüte gefrieren. Anschließend können die toten Schnecken in die Biotonne gegeben werden.
Achtung: Schnecken sind Kannibalen. Falls du Schneckenkadaver auf dem Komposthaufen entsorgst, lockst du Artgenossen an.

Nützlinge ansiedeln

Igel, Eidechsen, Kröten und Vögel haben Schnecken und Schneckeneier zum Fressen gern. Ein naturnaher Garten mit Totholzhaufen, zusammengeharktem Laub und Hecken aus unterschiedlichen Pflanzen hilft, diese nützlichen Tiere anzusiedeln.

Nematoden

Diese im Handel erhältlichen Fadenwürmer sind für Menschen und Säugetiere harmlos, nisten sich aber im Darm der Schnecken ein und lassen diese verenden. Nematoden sind besonders auch für die Anwendung in Gewächshäusern geeignet.

Enten und Hühner

Bei artgerechter Haltung lassen sich auch Enten und Hühner gegen Schnecken einsetzen. Indische Laufenten machen sich gern über die Nacktschnecken und deren Eier her, Hühner fressen hauptsächlich die Gelege der Schnecken. Bedenke aber, dass Enten Wasservögel sind und einen Teich zum Schwimmen brauchen. Das gilt auch für Tiere, die man sich im Internet zur Schneckenbekämpfung ausleihen kann. Für Hühner und Enten brauchst du außerdem genug Platz.

Beetumrandung als Schneckenbremse

Manche Nutzpflanzen werden selbst von Nacktschnecken verschmäht. Sie stellen deshalb als heckenartige Pflanzung eine gute Schneckenbarriere dar. Ringelblumen, Tomaten, Kartoffeln, Lauch, Rosmarin, Salbei und Thymian sind solche Schneckenvergrämerpflanzen.

Fruchtfolgen und Mischkulturen

Diese Methoden der Gemüsepflanzung sorgen für Abwechslung im Beet, was nicht nur der Pflanzgesundheit zugutekommt, sondern auch Schneckenhochburgen verhindert, die Lieblingspflanzen haben.

Mulchschicht regelmäßig kontrollieren

Mulch und Kompost sind gut für deine Beete, aber leider ideale Schneckenbrutstätte, weil sie feucht und warm sind. Kontrolliere die Mulchschichten alle paar Tage auf Schnecken und deren Gelege und entferne beides.

Bierfalle

Alt bewährt ist die Bierfalle. Hier wird ein Becher mit Bier gefüllt und zwischen den Pflanzungen im Boden vergraben. Schnecken werden vom Geruch des Bieres angelockt und ertrinken in der Falle. Damit der Becher nicht zur Falle für Spinnen und Käfer wird, lasse ihn zwei bis drei Zentimeter über den Bodenrand schauen.
Achtung! Salz oder Kaffeesud sind nicht nur schlecht für deine Gemüsepflanzen, sie schädigen außerdem Bodenorganismen und Insekten. Ihr Einsatz ist im Gemüsegarten verboten. Pflanzenjauchen zur Stärkung der Pflanzen, also auch gegen Schnecken, sind hingegen zugelassen.

Schneckenkorn

Schneckenkorn auf der Basis von Eisen-III-Phosphat kann bedenkenlos in deinem Nutzgarten angewendet werden und ist auch im biologischen Anbau zugelassen. Die Schnecken fressen die blauen Körner und ziehen sich daraufhin in Verstecke zurück, in denen sie verenden. Der Vorteil gegenüber allen anderen chemischen Schnecken-

Erhöhte Beeteinfassungen sind eine Barriere für Schnecken und andere Schädlinge.

mitteln ist, dass keine anderen Tiere und Insekten in Mitleidenschaft gezogen werden. Das Eisen-III-Phosphat zerfällt mit der Zeit im Boden und wird von Mikroorganismen entsorgt.

WÜHLMÄUSE

Wühlmäuse sind nagende Angreifer von unten. Sie graben sich ein verzweigtes Tunnelsystem in der Erde und schädigen deine Pflanzen durch Wurzelfraß. Erkennen kannst du Wühlmausbaue an Löchern im Erdboden und an maulwurfhügelähnlichen Haufen, die Eingänge an den Seiten haben. Auch Bäume, insbesondere junge Obstbäume, können von Schäden durch Wühlmäuse betroffen sein. Hier hilft es, vorbeugend einen Korb aus engem Maschendraht um den Wurzelballen mit einzupflanzen. In Baumärkten erhältst du auch Mittel gegen Wühlmäuse, die auf Gas oder Karbid als Vertreibungsmittel setzen. Den Tieren wird damit nicht geschadet, sie werden nur vergrämt. Ansonsten lassen sich die kleinen Nager mit Pflanzungen von Knoblauch zwischen den Beetreihen vertreiben. Oder mit einer Katze.

ERDFLÖHE

Erdflöhe sind bis zu drei Millimeter lange Käfer, die Gemüsepflanzen wie Brokkoli, Paprika oder Tomaten durch Lochfraß schädigen. Erdflöhe schaden besonders junge Pflanzen, die mit ihren weichen Blättern den Käferchen nicht viel entgegenzusetzen haben. Mit bloßem Auge sind die Schädlinge nicht so leicht zu erkennen. Die Spuren, die sie mit zahlreichen Löchern in den Blättern von Kohlpflanzen wie Rucola, Blumenkohl, Chinakohl, Radieschen, Brokkoli, Kohlrabi und anderen Kreuzblütlern hinterlassen, hingegen schon. Erdflöhen kommst du bei, wenn du deine Beete regelmäßig hackst und so die Verstecke der Tiere aufwühlst. Zudem kann eine Mulchschicht über dem Erdboden es den Tieren ungemütlich machen. Auch Knoblauch und Zwiebeln, die zwischen die anderen Kulturen gesetzt werden, können den Befall durch Erdflöhe eindämmen. Auch gegen Erdflöhe hilft, Igel und Amphibien anzusiedeln, welche die natürlichen Feinde der Erdflöhe sind.

BLATTLÄUSE

Grüne und schwarze Blattläuse können dir als Gärtnerin das Leben schwer machen. Grüne Blattläuse befallen besonders gern junges Gemüse nach dem Austrieb. Schwarze Blattläuse haben sich auf bestimmte Pflanzen spezialisiert. Besonders an allen Bohnenarten sowie an Tomaten sind sie ab dem zeitigen Frühjahr zu finden.

Tipps zur Vorbeugung

- Blattläuse treten besonders an Pflanzen auf, die schattig oder feucht stehen. Gemüse sollte deshalb möglichst einen Platz an der Sonne erhalten.
- Entwickle eine günstige Gießroutine und vermeide nasse Blätter und Pflanzenteile.
- Setze deine Pflanzen nicht zu dicht, damit sich keine Feuchtigkeit stauen kann.
- Siedle Marienkäfer und Ohrwürmer als natürliche Feinde an.

Blattläuse kannst du abstreifen oder mit einem scharfen Wasserstrahl entfernen.

Wenn Schädlinge freies Spiel haben, bleibt oft nichts mehr von deiner Ernte übrig.

Ein Ohrenkäferhotel ist schnell gebaut und lockt die gefräßigen Nützlinge an.

Marienkäfer fördern

Rund 6000 Blattläuse vertilgt ein Marienkäfer in seinem zehnjährigen Leben. Lohnend also, den gepunkteten Glücksbringer in den Garten einzuladen. Marienkäfer ernähren sich nicht nur von Pflanzenläusen, sondern auch von den Pollen einiger Blüten. Den Pflanzen schadet das nicht. Wenn du diese Pflanzen in dein Kräuterbeet pflanzt oder einen gemischten Blühstreifen neben deinen Beeten anlegst, lockt das die niedlichen Nützlinge an. Löwenzahn, Ringelblumen, Rainfarn, Schmuckkörbchen, Silberkraut und Kornblumen sollten in deinem Stück Blumenwiese nicht fehlen. Im Kräuterbeet sind Koriander, Fenchel, Dill oder Minze eine willkommene Speise für Marienkäfer.

DIY: Ohrwurmhotel bauen

Fülle einen Blumentopf aus Ton mit kleinen Ästen, Zweigen, Stroh und Holzwolle. Verschließe das Ganze mit einem Stück Hasendraht, damit die Füllung sich bei Wind und Wetter nicht aus dem Topf löst. Durch das kleine Loch im Boden des Topfes führst du eine Schlinge, die du mit einem Querholz befestigen kannst. Ab dem Erstfrühling stellst du den Topf mit dem Hasendraht nach unten auf den Gartenboden. Die Ohrwürmer werden bald beginnen, den Topf als neue Behausung anzunehmen. Ab Frühsommer haben viele Ohrwürmer den Topf bezogen und du kannst ihn an der Schlaufe in einen Obstbaum hängen. Die Ohrwürmer finden dann ihren Weg über Äste und Zweige zu Blattläusen und Spinnmilben.

SCHILDLÄUSE UND WOLLLÄUSE

Beide Läusearten sind miteinander verwandt, wobei die von einer weißen Wachsschicht überzogenen Wollläuse seltener im Gemüsebeet anzutreffen sind. Beide blattsaugenden Schädlinge befallen meistens verholzende Pflanzen, wie Zitrusbäume, Stein- und Kernobst oder Beerensträucher. Woll- und Schildläuse legen ihre Eier gut versteckt im Boden in direkter Pflanzennähe, in den Blattachseln der Pflanzen oder in anderen Nischen an der Pflanze ab. Weil es deshalb schwierig ist, den Befall frühzeitig zu entdecken und weil die Tiere sich rasant vermehren, ist es wichtig, dass du vorbeugende Maßnahmen ergreifst.

Pflanzenstärkung

Geschwächte oder überdüngte Pflanzen sind anfälliger für einen Befall mit Schildläusen. Halte dich deshalb an die Empfehlungen zur Pflanzendüngung und verwende Stickstoffdünger wie Hornspäne in Maßen, weil sie sonst das Immunsystem deiner Pflanzen schwächen. Stärken kannst du deine Pflanzen mit selbst gemachten Pflanzenjauchen zum Beispiel aus Brennnesseln und Schachtelhalm. Lockere Böden, die regelmäßig gemulcht werden, helfen den Pflanzen ebenfalls, stark gegen Befall der Schildläuse zu werden.

Schildläuse befallen gerne geschwächte und überdüngte Pflanzen. Mit guter Pflege kannst du ihnen vorbeugen.

Eine Wollaus kann bis zu 600 Eier legen. Durch regelmäßigeSchädlingschecks kannst du einen Befall schnell erkennen.

Die Weisse Fliege hat besonders großen Appetit auf deine Bohnen-, Gurken-, Tomaten- und Kohlpfanzen.

Wenn du den Befall frühzeitig entdeckst, kannst du die Tiere mit einem feuchten Lappen oder einer alten Zahnbürste abwischen. Achte darauf, gründlich zu sein, denn unter den weiblichen Schildläusen sitzen die Jungen, die du beim Abwischen versehentlich verteilen könnest.

WEISSE FLIEGEN

Keine Fliege im eigentlichen Sinn, sondern eine weitere Unterart der Pflanzenläuse, ist dieser Schädling, der oft in Gewächshäusern auftritt. Die Tiere verbreiten sich springend von Pflanze zu Pflanze. Bohnen, Gurken und Kohl stehen auf dem Speiseplan der Weißen Fliegen, die sich, einmal aufgetreten, rasant vermehrt. Im Außenbereich kommen die Tiere in trocknen Sommer ebenfalls vor. Auch gegen die Weiße Fliege hilft vorbeugend vor allem eins: Ein unordentlicher Garten, der natürlichen Feinden, wie Marienkäfern, Spinnen und Ohrwürmern, genug Verstecke bietet.
Wenn der Befall schon aufgetreten ist, kannst du mit sogenannten Gelbfallen gegen ihn vorgehen. Gelbfallen sind klebrige Tafeln, welche die Tiere mit ihrer gelben Farbe anlocken. Die Fallen werden einfach zwischen den Pflanzkulturen oder in Bäumen aufgehängt.
Ein lebendiges und biologisches Schädlingsbekämpfungsmittel sind Schlupfwespen. Diese nicht stechende kleine Wespenart parasitiert die Eier und Larven der Weißen Fliege und rottet sie auf diese Weise aus. Im Fachhandel sind Karten erhältlich, die mit Schlupfwespeneiern präpariert sind. Sie werden in der Nähe des Schädlingsbefalls ausgelegt. Nach dem Schlüpfen finden die winzigen Schlupfwespen schnell ihren Weg zu den Eiern und Larven ihrer Wirte. Die Bekämpfung mit Schlupfwespen ist effektiv, aber im Außenbereich schwierig umzusetzen, weil dort der Befall meist zu groß und unzusammenhängend ist. Du kannst aber auch versuchen, die an Waldrändern, in Wiesen und Parkanlagen natürlich vorkommenden Fluginsekten mit einem Insektenhotel in den Garten zu locken. Auch engmaschige Kulturschutznetze, die über die Kulturen gebreitet werden, können den Befall mit der Weißen Fliege verhindern.

Pilze und Viren

Ein weißer oder rötlicher Belag auf Blättern und Stängeln deutet auf Pilzbefall unterschiedlicher Art hin. Pilze mögen eine feuchte und warme Atmosphäre. Das erste Mittel zu ihrer Bekämpfung ist deshalb achtsames Gießen.

BRAUNFÄULE

Diese Krankheit befällt Nachtschattengewächse, besonders gern Tomaten und Kartoffeln. Bei der Braunfäule handelt es sich um einen Pilz. Die Tomaten zeigen bei einem Befall scharf begrenzte, bräunliche Flecken. Später erkranken die Früchte, werden braun, hart und ungenießbar. Braunfäule betrifft bei Kartoffeln in erster Linie das Laub der Pflanzen. Entferne befallene, braun gewordene und welk aussehende Blätter umgehend. Wie bei der Tomate ist auch bei der Kartoffel wichtig, die Kultur nicht zu feucht zu halten. Gieße lieber weniger als mehr und nur, wenn es wirklich nötig ist. Achte darauf, dass die Blätter der Pflanze nicht nass werden, damit der feuchtigkeitsliebende Braunfäulepilz sich schlecht ausbreiten kann.

ECHTER UND FALSCHER MEHLTAU

Echter Mehltau ist eine Pilzerkrankung, die nahezu alle Gemüsepflanzen, Obstbäume und auch Beerensträucher befallen kann. Mehltau erkennst du an einem stumpfen, weißen, abwischbaren Belag, der sich auf den Oberseiten der Blätter bildet. Auch

Braunfäule beugst du mit einer sorgfältigen Gießroutine vor. Befallene Pflanzen musst du komplett im Hausmüll entsorgen.

Früchte können betroffen sein. Der Pilz dringt in das Innere der Pflanze ein, wo er vom Pflanzensaft zehrt. Die befallenen Blätter werden welk und sterben schließlich ab.
Mehltau verbreitet sich bei mild-feuchter Witterung am liebsten. Begünstigt wird die Verbreitung durch wechselnde Feuchtigkeit und Trockenheit. Du kannst eine Ansteckung mit Mehltau verhindern, wenn du deine Pflanzen nicht zu dicht setzt, sodass zwischen ihnen Luft zirkulieren kann. Außerdem solltest du vermeiden, dass die Blätter der Pflanze beim Gießen nass werden. Eine Mulchschicht über dem Boden und eine Pflanzenstärkung mit Pflanzenjauchen können auch vor Mehltau schützen. In deinem Gewächshaus solltest du darauf achten, regelmäßig zu lüften, um sich stauende Feuchtigkeit zu vermeiden.
All diese vorbeugenden Maßnahmen sind das Beste, um einen Mehltaubefall zu verhindern. Sollte es aber dennoch einmal dazu kommen, entferne alle befallenen Teile der Pflanze und entsorge sie unbedingt über den Hausmüll, nicht im Kompost, damit du die Sporen nicht später in deinen Beeten verteilst. Die Pflanze erholt sich schnell von der Entfernung der Blätter, sofern du das Herz stehen lässt. Übrigens kannst du die Früchte von an Mehltau erkrankten Pflanzen bedenkenlos essen.

BIRNENGITTERROST

Birnengitterrost befällt namentlich Birnbäume und schadet dem Baum und den Früchten. Besonders junge Bäume sind anfällig. Der Pilz benötigt für die Wintermonate einen Zwischenwirt, wenn die Blätter des Baums gefallen sind. Dieser Zwischenwirt sind verschiedene Wacholderarten, die als Zierpflanzen in Vorgärten oder im Garten zu finden sind. Um eine Ausbreitung des Pilzes zu unterbinden, kann es vonnöten sein, den Wacholder zu entfernen.

Mehltau verbreitet sich schnell. Entsorge betroffene Pflanzenteile in der Biotonne.

Bei Rostbefall hilft es meistens nur, die Pflanzen großzügig zurückzuschneiden.

Falscher Mehltau zeigt ein ähnliches Erscheinungsbild wie der Echte Mehltau. Der Belag ist dabei aber gelblicher und fleckig und weiß an der Blattunterseite. Vorbeugung und Bekämpfung erfolgen genau wie beim echten Mehltau.

ROST

Unter dem Begriff Rost fasst man einige miteinander verwandte Pflanzenpilzerkrankungen zusammen, die im Nutzgarten auftreten können. Betroffen sind häufig Bohnen, Erbsen, Knoblauch, Minze, Porree, Schnittlauch, Spargel und Zwiebel. Im Obstanbau sind besonders Birn-, Apfel-, Pflaumenbäume, Brombeeren, Himbeeren und Stachelbeeren anfällig. Rost erkennst du an gelblichen bis bräunlichen Verfärbungen auf den Blattoberseiten. Nach einiger Zeit findet man auch auf den Blattunterseiten gegenüberliegend ähnliche Flecken. Rost führt zu einer Schwächung der Pflanze, mit frühzeitigem Laubfall und verkümmerten Früchten. Manchmal stirbt die gesamte Pflanze ab. Obstbäume können jedoch einem Rostbefall gut standhalten. Wie bei allen Pilzerkrankungen ist auch hier die beste vorbeugende Maßnahme, weite Pflanzabstände zu wählen und die Pflanzen beim Gießen nicht mit Wasser zu benetzen. Rostsporen sind hartnäckig und überdauern Fröste genauso sowie die Rotte auf dem Kompost. Um eine neuerliche Verbreitung zu vermeiden, entferne auch hier kranke Pflanzenteile und gib sie in den Hausmüll, nicht in den Kompost.

KOHLHERNIE

Alle Vertreter der bunten Kohlfamilie können an der sogenannten Kohlhernie erkranken. Radieschen, Rettich und Senf gehören auch dazu. Die Kohlhernie ist ein Pilz, der die Pflanzen unterirdisch über die Wurzeln schädigt. Befallene Pflanzen, darunter besonders Rosenkohl, Kohlrabi und Grünkohl, werden nach und nach welk, braun, trocken und die Pflanze stirbt schließlich ab. Die Sporen der Kohlhernie können zwanzig Jahre im Boden bleiben. Regelmäßiger Fruchtwechsel ist von daher der Schlüssel zur Vermeidung dieser lästigen Pflanzenkrankheit. Achte auch darauf, dass du auf ehemaligen Kohlbeeten keine Erdbeeren anbaust und auch in Folge auf Erdbeerbeeten keinen Kohl, denn Erdbeeren sind Wirte für die Herniensporen und können, auch wenn sie keine Symptome zeigen, die Krankheit weitergeben. Befallene Pflanzen musst du entfernen und entsorgen. Eine Kalkstickstoffdüngung kann die Konzentration der Pilzsporen im Boden verringern.

Das Mosaikvirus erkennst du an den gemusterten Blättern wie hier bei dieser Tomatenpflanze.

MOSAIKVIRUS

Das Mosaikvirus wird durch Blattläuse übertragen und äußert sich in gelb-fleckigen, mosaikartigen Flecken auf Blattwerk und Früchten. Neben der Verfärbung können an jungen Blättern Verformungen, an Früchten warzenartige Gebilde oder Vertiefungen auftreten. Gegen das Mosaikvirus hilft es, vorbeugend auf ausgewiesen resistente Pflanzen zurückzugreifen. Wichtig ist es außerdem, Blattläuse mit den bewährten Maßnahmen von den Pflanzen fernzuhalten.

Wenn es trotz dieser Maßnahme zu einem Befall kommt, musst du die Pflanzen vollständig ausgraben, entfernen und über den Hausmüll entsorgen.

BEETE PLANEN

365 Tage im Jahr Gemüse und Kräuter ernten! Mit unseren Beetplänen: Kunterbuntes Einsteigerbeet, dem Immersattbeet und dem Asiabeet erhältst einfach umsetzbare Beetpläne, sodass du rund um das Jahr knackiges Gemüse erntest.

Beetplanung Querbeet: das kunterbunte Einsteigerbeet

Mit diesem vielseitigen Beetplan startest du auch als Gartenanfänger ganz unkompliziert den eigenen Gemüseanbau. Abwechslungsreiche Kulturen und pflegeleichte Sorten lassen dich schnell dein Selbstversorger-Gen entdecken und können teils als kunterbunte Rohkost und teils in deinen Lieblingsgerichten abwechslungsreich verwendet werden.

Los geht's! Dein Beet ist vorbereitet und die ersten Saaten werden gelegt.
Stelle schon Rankhilfen für deine Erbsen auf.

VOR- UND ERSTFRÜHLING

Die Bepflanzung startet im Vorfrühling, sobald der Boden frostfrei und so weit abgetrocknet ist, dass er sich gut bearbeiten lässt. Wer besonders früh startet oder dort gärtnert, wo kühle Winde oder Nachtfröste noch im späten Frühjahr zu erwarten sind, schützt seine Erstbepflanzung mit einem Frühbeetkasten oder einem Kulturschutznetz.
Bereite dein Beet vor, markiere neun Reihen mit jeweils 30 Zentimeter Abstand zueinander und lege deine Reihenmarkierungen zurecht.
Im Vorfrühling kannst du bereits mit der Aussaat vieler Kulturen beginnen. Eine Ausnahme bilden die Erbsen, sie sollten nicht vor dem Erstfrühling und dem Beginn der Forsythienblüte ins Beet. Du kannst sie im Vorfrühling aber schon in kleinen Töpfen vorziehen und vier Wochen später pflanzen. Auch für die Anzucht von Tomaten und Mais ist nun Zeit, sie brauchen sechs bis acht Wochen, ehe sie Mitte Mai ausgepflanzt werden.
So geht's: Säe an den Anfang der Reihe 1 Petersilie etwa auf der Fläche einer Untertasse und im weiteren Verlauf der Reihe Mangold. Alternativ kannst du auch einen Topf Petersilie und Mangold als Jungpflanzen (4–5 Stück) kaufen und einpflanzen.

Erbsen gehören zu den ersten Gemüsesorten, die im Frühling in deinem Beet keimen..

In Reihe 2 kannst du Kresse säen und zu Anfang der Reihe 3 Schnittlauch. Säe oder pflanze ihn wie zuvor die Petersilie. Im Erstfrühling kommen die Erbsen als Direktsaat in die Pflanzreihe oder du pflanzt deine vorgezogenen Erbsen aus. Errichte schon jetzt eine Rankhilfe. In Reihe 4 kannst du Radieschen einsäen und in Reihe 5 fünf Jungpflanzen von Kohlrabi pflanzen. In Reihe 6 finden deine Steckzwiebeln ihren Platz. Säe in Reihe 7 Pflücksalat oder pflanze sechs Jungpflanzen. In Reihe 8 kannst du Spinat und in Reihe 9 Rote Bete säen. Rote Bete führen viele Gärtnereien ebenfalls als Jungpflanzen. Für eine einen Meter lange Aussaatreihe reichen zehn Stück. Der Vorteil des Pflanzens vorgezogener Jungpflanzen oder Kräuter besteht darin, dass die Zeit der Keimung und ein möglicher Misserfolg entfallen. Außerdem ist ein »Ergebnis« schneller zu sehen und erste Blättchen, zum Beispiel von Roter Bete oder Salat, früher als Babyleave zu ernten. Den Wachstumsvorsprung, den Jungpflanzen gegenüber einer Direktsaat haben, holt ausgesätes Gemüse bis zur Erntereife meist wieder auf. Zudem sind Jungpflanzen teurer als Saatgut. Entscheidest du dich dennoch fürs Pflanzen statt fürs Säen, solltest du deine Pflanzen ausnahmslos in der Gärtnerei oder beim Bio-Bauern kaufen. Hier sind Gartengemüse Außentemperaturen gewöhnt und du kannst dich in der Regel auf die Sortenangaben verlassen. Auch Saatbänder sind aufgrund der einfachen Handhabung eine gute Alternative zu losem Saatgut.

VOLLFRÜHLING UND FRÜHSOMMER

Im Vollfrühling kannst du die ersten Salate als Babyleave genießen: In den Reihen von Mangold, Pflücksalat und Spinat wird blattweise geerntet. Kresse lässt sich abschnittsweise mit Messer oder Schere ernten. Einzelne junge Blätter von Kohlrabi und Roter Bete können ebenfalls als Salat verzehrt werden. Die Radieschen werden nach und nach erntereif. Häufele die Erbsen für einen festen Stand an, wenn sie circa zehn Zentimeter hoch sind. Zu Beginn des Vollfrühlings, wenn erste Apfelbäume blühen, kannst du weitere Jungpflanzen vorziehen: Basilikum, flächig in zwei Töpfe gesät, Gurke und Kürbis keimen und wachsen schnell. Sie können bereits nach drei bis vier Wochen ausgepflanzt werden, vertragen jedoch keine Kälte. Nach den

BEPFLANZUNG IM VOR- UND ERSTFRÜHLING

Gemüse	Sorte	Bemerkung	Alternative
1 Mangold + Petersilie	Mangold: 'Tre Colori' Petersilie: glatt oder kraus	Mangold: Saatgut kaufen, Direktsaat ins Beet **oder** 4 Jungpflanzen zukaufen Petersilie: am Anfang der Reihe aussäen oder 1 Topf kaufen und pflanzen	Blut-Ampfer
2 Gartenkresse		Saatgut kaufen, Direktsaat ins Beet	Roter Blattsenf
3 Schnittlauch + Erbse	Erbse: 'Wunder von Kelvedon'	Erbse: Saatgut kaufen, Direktsaat ins Beet oder 4 Wochen vorher in Töpfen vorziehen, Rankhilfe errichten Schnittlauch: am Anfang der Reihe aussäen oder 1 Topf kaufen und pflanzen	Buschbohnen
4 Radieschen	Sortenmix oder 'Cherry Belle'	Saatgut kaufen, Direktsaat ins Beet; im Frühjahr und Herbst keine Radieschen-Sommersorten anbauen	Rettich 'Red Meat'
5 Kohlrabi	'Blauer Delikatess' (violett)	5 Jungpflanzen zukaufen	Sprossbrokkoli 'Purple Sprouting'
6 Zwiebel	'Rote Laaer', 'Rossa Lunga' (Schalotte)	Steckzwiebeln kaufen und stecken **oder** Direktsaat ins Beet	Grünkohl als Pflücksalat
7 Pflücksalat	Sortenmix	Saatgut kaufen, Direktsaat ins Beet **oder** 6 Jungpflanzen zukaufen	Ruccola, Sommerportulak
8 Spinat	'Matador'	Saatgut kaufen, Direktsaat ins Beet	Pflücksalat
9 Bunte Bete	Sortenmix, 'Chioggia' oder 'Red Ace'	Saatgut kaufen, Direktsaat ins Beet **oder** 10 Jungpflanzen zukaufen	Mairübe, Radieschen

Die Eisheiligen geben den Startschuss zum Auspflanzen der ersten Jungpflänzchen. Auf dem Teller landen erste zarte Salate.

Jetzt wird Platz frei für herzhafte Herbstsalate. Tomate und Basilikum sind dufte Beetpartner und werden gemeinsam reif.

Eisheiligen, wenn keine Nachtfröste mehr zu erwarten sind, kannst du Basilikum und deine vorgezogenen Tomaten in Reihe 2 zwischen die Kresse pflanzen. Wer die Anzucht verpasst hat, kann je zwei Pflanzen im Topf kaufen. In Reihe 3 werden erste Erbsen erntereif. Junge Erbsenschoten können als Zuckerschoten zubereitet, ältere Schoten gepult werden. Ernten fördert bei Hülsenfrüchten die Bildung neuer Blüten, sei daher nicht zu zögerlich mit dem Pflücken. In Reihe 4 machen deine Radieschen Platz für Mais und Gurke.
Solltest du nicht selbst vorgezogen haben, kannst du beides auch als Direktsaat einsäen. In Reihe 5 werden erste Kohlrabi reif, ernte sie etwa faustgroß. Das Grün der Zwiebeln in Reihe 6 kannst du als pikantes Topping verwenden. Achte jedoch darauf, der Pflanze nicht alle Blätter zu nehmen. In Reihe 7 kannst du deine Pflücksalatreihe mit Fenchel ergänzen, indem du fünf Jungpflanzen in die Reihe setzt. Sobald der Spinat in Reihe 8 in die Blüte schießt, kannst du ihn abernten und in die Reihe Kapuzinerkresse säen. Den Kürbis kannst du an den Anfang der Reihe 9 direkt säen oder du pflanzt deine vorgezogene Jungpflanze oder eine gekaufte.

HOCH- UND SPÄTSOMMER

Im Hochsommer solltest du der Hacke den Vorzug vor der Gießkanne geben. Hältst du die oberste Bodenschicht offen und feinkrümelig, kann weniger Wasser verdunsten und du musst weniger gießen. In Reihe 1 kannst du fortlaufend Mangold und Petersilie ernten. Sollte dein Mangold in die Blüte schießen oder im Laufe des Sommers Mehltau bekommen, nimm ihn heraus. Ab Spätsommer kannst du in dieser Reihe Feldsalat als Nachsaat säen. In Reihe 2 kannst du letzte Kresse abernten, wenn sie zu blühen beginnt. Nun werden erste Tomaten und Basilikum erntereif. In Reihe 3 kannst du jetzt Schnittlauch und letzte Erbsen ernten. Sind sie im Sommer verwelkt, schneide sie ab und lasse die Wurzeln im Boden. Den hier angelagerten Stickstoff nutzen starkzehrende Gemüse gerne.

In dieser Reihe kannst du Rucola für deine Herbsternte einsäen. In Reihe 5 macht Kohlrabi Platz für Radicchio. Den Klassiker unter den Herbstsalaten kannst du direkt einsäen oder fünf Jungpflanzen kaufen und einpflanzen. Wenn das Laub deiner Zwiebeln in Reihe 6 verwelkt ist, sind sie erntereif. In diese Reihe kannst du im Spätsommer Grünkohl für die Winterernte einsäen oder zwei Jungpflanzen kaufen und pflanzen. Junge Blätter deines

BEPFLANZUNG IM VOLLFRÜHLING UND FRÜSOMMER

Gemüse	Sorte	Bemerkung	Alternative
1 Mangold + Petersilie		wird fortlaufend geerntet	
2 Tomate + Basilikum	Bei Tomaten Freilandsorten wählen! 'Sparta' (rot), 'Black Plum' (schwarz), 'Yellow Pear' (gelb) Basilikum: 'Genovese' (grün), 'Rosso' (rot)	Tomate: 2 Jungpflanzen kaufen **oder** Anzucht 6 Wochen vorher beginnen Basilikum: je neben einer Tomate als Horst aussäen, Saatgutscheibe **oder** 2 Töpfe kaufen und einpflanzen	Paprika, dann aber statt Erbsen Bohnen anbauen
3 Schnittlauch + Erbse		wird fortlaufend geerntet	
4 Mais + Gurke	Mais: 'Rainbow Inka' (bunt), 'Ashworth' (gelb) Gurke: 'Tanja', 'Saiko'	Saatgut kaufen, Direktsaat ins Beet **oder** Mais: Anzucht 6 Wochen vorher beginnen **oder** 5 Jungpflanzen zukaufen Gurke: Anzucht 4 Wochen vorher beginnen **oder** 2 Jungpflanzen zukaufen	Rotkohl, Brokkoli
5 Kohlrabi			
6 Zwiebel		wird fortlaufend geerntet	
7 Fenchel	'Fino', 'Perfektion'	Saatgut kaufen, Direktsaat ins Beet **oder** 5 Jungpflanzen zukaufen	Möhre (späte Sorte) oder Radicchio
8 Kapuzinerkresse	kriechend	Saatgut kaufen, Direktsaat ins Beet	Stangenbohne, Tomate
9 Kürbis	'Red Kuri' (Hokkaido), 'Mini Butternut'	1 Jungpflanzen kaufen **oder** Anzucht 4 Wochen vorher beginnen	Zucchini oder Gurke

Das Meiste hast du abgeerntet, setze jetzt für den Winter Steckzwiebeln und Knoblauch.
Wenn du den Pflanzplan rotierst, kannst du ihn im nächsten Jahr wieder verwenden.

ausgesäten Grünkohls kannst du blattweise als Babyleave ernten. Lichte die Reihe nach und nach aus, denn ausgewachsener Grünkohl braucht viel Platz. In deine Beetreihe passen nur zwei Pflanzen für die Winterernte. Das Fenchelgrün aus Reihe 7 kannst du schon verwenden, bevor die Fenchelknollen etwa faustgroß erntereif sind. In Reihe 8 sieht die Kapuzinerkresse nicht nur schön aus: Ihre Blätter und Blüten sind essbar und das üppige Laub schützt den Boden vor Verdunstung.
In Reihe 9 darfst du dich schon auf erste Kürbisse freuen. Du kannst deine Starkzehrer wie Kürbis, Tomate und Gurke unterstützen, indem du dem Gießwasser alle vier Wochen Flüssigdünger zugibst. Von Mehltau befallene Blätter solltest du entfernen. Wenn du die Kürbisranken am Beetrand entlang leitest, kannst du die Reihe nutzen und drei Jungpflanzen Zuckerhut für die Herbst- und Winterernte pflanzen.

FRÜH- UND VOLLHERBST

Im Herbst kannst du weiterhin Petersilie, Fenchel und Kapuzinerkresse sowie ersten Feldsalat, Rucola, Radicchio und Grünkohl ernten. Ernte deine Tomaten und Basilikum bei abnehmenden Temperaturen ab und nimm sie aus Reihe 2. Gleiches gilt für Gurke und Mais in Reihe 4. Als Nachsaat kannst du wüchsigen Winterportulak in Reihe 2 und Winterpostelein in Reihe 4 einsäen. Kontrolliere im Herbst dein Gemüse auf den Befall von Blattläusen und entferne sie, falls nötig, frühzeitig. Deine Fenchelknollen kannst du bis Ende des Vollherbstes abernten und die Kapuzinerkresse aus der Reihe nehmen. Setze in Reihe 7 winterfeste Sorten von Steckzwiebeln und in Reihe 8 Knoblauch für deine Ernte im nächsten Frühjahr.
Dieser Beetplan berücksichtigt eine dreijährige Fruchtfolge. Solltest du ihn im Folgejahr noch mal umsetzten wollen, kannst du ihn einfach rotieren lassen, wie in der Tabelle unten aufgelistet.

FRUCHTFOLGE

1. Jahr	2. Jahr	3. Jahr
Reihe 1	Reihe 4	Reihe 7
Reihe 2	Reihe 5	Reihe 8
Reihe 3	Reihe 6	Reihe 9
Reihe 4	Reihe 7	Reihe 1
Reihe 5	Reihe 8	Reihe 2
Reihe 6	Reihe 9	Reihe 3
Reihe 7	Reihe 1	Reihe 4
Reihe 8	Reihe 2	Reihe 5
Reihe 9	Reihe 3	Reihe 6

Beetplan: Das Immersatt-Beet – lagerfähige Pflanzkulturen

Mit diesem Beet schaffst du dir ohne viel Klimbim eine solide und vielfältige Grundlage für eine volle Speisekammer. Die Kulturen sind so gewählt, dass Groß und Klein das ganze Jahr über ernten und futtern können.

Deine neun Beetreihen warten auf die ersten Einsaaten. Mais und Bohnen können im Haus vorgezogen werden.

VOR- UND ERSTFRÜHLING

Die Bepflanzung startet im Vorfrühling, sobald der Boden frostfrei und so weit abgetrocknet ist, dass er sich gut bearbeiten lässt. Wer besonders früh startet oder dort gärtnert, wo kühle Winde oder Nachtfröste noch im späten Frühjahr zu erwarten sind, schützt seine Erstbepflanzung mit einem Frühbeetkasten oder einem Kulturschutznetz.

Bereite dein Beet vor, markiere neun Reihen mit jeweils 30 Zentimeter Abstand zueinander und lege deine Reihenmarkierungen zurecht.

Im Vorfrühling kannst du bereits mit der Aussaat vieler Kulturen beginnen, die Stangenbohnen sollten jedoch nicht vor Ende des Erstfrühlings ins Beet kommen. Sie können aber schon geschützt vorgezogen werden – ebenso wie der Mais, sollte er als Rankhilfe dienen.

So geht's: Säe in Reihe 1 Mairübe. In Reihe 2 kannst du Stangenbohnen direkt ins Beet säen oder deine vorgezogenen Bohnen auspflanzen. Bohnen werden in Kleingruppen (3–5 Stück) um eine Rankhilfe gelegt. Alternativ kannst du in ihre Mitte Mais als Rankhilfe säen. Zwischen die Bohnenhorste kannst du Bohnenkraut und in Reihe 3 Rote Bete säen. In Reihe 4 und 5 finden Rot- und Spitzkohl ihren Platz. Wähle frühe Kohlsorten und pflanze sie als Jungpflanzen, um den Wachstumsvorsprung zu nutzen. In Reihe 6 und 7 kommen Petersilie und Radieschen. Beide kannst du auch als Saatband kaufen. Um die Kartoffelreihe anzulegen, wird zunächst ein ca. 30 Zentimeter tiefer Graben ausgehoben, die Saatkartoffeln werden hineingelegt und mit Erde bedeckt. Sobald das Kartoffelgrün eine Handbreit aus der Erde schaut, häufelst du es mit der restlichen Erde wieder an – je öfter, desto besser. In Reihe 9 kannst du Steckzwiebeln setzen und direkt daneben Möhren aussäen. Vor Kopf kannst du einen Lorbeer als Topfpflanze setzen.

VOLLFRÜHLING UND FRÜHSOMMER

Zu Beginn des Vollfrühlings kannst du deine Gurken und den Kürbis vorziehen, wenn du sie nicht zukaufen möchtest. Je nachdem, wann du

BEPFLANZUNG IM VOR- UND ERSTFRÜHLING

Gemüse	Sorte	Bemerkung	Alternative
1 Mairübe	'Platte Witte Mei', 'Milan white red top'	Saatgut kaufen, Direktsaat ins Beet	Radieschen
2 Stangenbohne + Bohenkraut	'A cosse violette' (lila), 'Neckarkönigin' (grün)	Saatgut kaufen, Direktsaat ins Beet, Rankhilfe errichten oder Mais pflanzen	Dicke Bohne, Erbse
3 Rote Bete	'Red Ace'	Saatgut kaufen, Direktsaat ins Beet **oder** 5 Jungpflanzen zukaufen	Spinat, Pflücksalat
4 Rotkohl	frühe Sorte, z. B. 'Amarant'	3 Jungpflanzen zukaufen	Brokkoli
5 Spitzkohl	frühe Sorte, z. B. 'Erstling'	4 Jungpflanzen zukaufen	Grünkohl
6 Petersilie	'Gigante d' Italia' (glatt), 'Grüne Perle' (kraus)	Saatgut kaufen, Direktsaat ins Beet	Spinat, Pflücksalat
7 Radieschen	'Cerry Belle'	Saatgut kaufen, Direktsaat ins Beet	wenn auch kein Lauch, dann jetzt schon Pastinake säen
8 Kartoffel	'Desiree', 'Linda'	Späte Kartoffelsorten bilden eine festere Schale aus und sind lagerbar	Süßkartoffel, Blattsalat
9 Möhren + Zwiebel + Lorbeer	Möhre: 'Rodelika', 'Berlikum' Zwiebel: 'Stuttgarter Riesen'	Möhrensaatgut kaufen, späte Möhren-Sorte wählen, da sie besser lagerbar sind Steckzwiebeln kaufen, 1 Lorbeerpflanze im Topf kaufen	Fenchel

Bohnen werden angehäufelt und erste Kohlköpfe geerntet. In frei gewordene Stellen ziehen unter anderem Lauch und Kürbis nach.

mit deiner Erstbepflanzung gestartet hast, sind jetzt Mairüben, Rote Bete und Radieschen erntereif. Ernte aus ihren Reihen immer die Größten und verschaffe den Kleineren so Licht und Luft. In Reihe 1 kannst du fünf Knollensellerie als Jungpflanzen zwischen die Mairüben pflanzen. Da sie langsam wachsen, steht der verbleibende Platz den Rüben noch bis zur Erntereife zur Verfügung. Häufele die Bohnen für einen festen Stand an, wenn sie circa zehn Zentimeter hoch sind. Nach den Eisheiligen, wenn keine Nachtfröste mehr zu erwarten sind, kannst du zwei Gurken in die sich lichtende Rote-Bete-Reihe setzen. Säe oder pflanze deine vorgezogenen oder gekauften Jungpflanzen direkt in die Reihe. Jeweils vor Kopf kann die Reihe mit je einem Topf Dill und Petersilie ergänzt werden. Während der Rotkohl langsam wächst, kann im Frühsommer, wenn der Holunder blüht, schon erster Spitzkohl geerntet werden. Lass kleine Spitzkohlköpfe noch stehen und setze in Reihe 5 vor Kopf deinen vorgezogenen Kürbis oder säe zwei Samen, von denen du nach circa vier Wochen nur die stärkere Pflanze stehen lässt. Alternativ kannst du eine gekaufte Jungpflanze einpflanzen. In Reihe 6 kann fortlaufend Petersilie geerntet werden. Die Radieschen in Reihe 7 werden jetzt abgeerntet. Hier finden zehn Jungpflanzen Lauch ihren Platz. Sie werden ähnlich den Kartoffeln im Laufe der Saison angehäufelt. So stehen sie fester und der Schaft bleibt weiß.

HOCH- UND SPÄTSOMMER

Im Hochsommer ist es wichtig, die oberste Bodenschicht offen und feinkrümelig zu halten, damit das Gießwasser nicht verdunstet. Dein Gemüse sollte inzwischen kräftige Wurzeln gebildet haben und kann sich auch aus tieferen Erdschichten gut mit Wasser versorgen (Tipps zum Wässern auf S. 19). Die Mairüben sollten mittlerweile abgeerntet sein, in Reihe 2 kannst du erste Stangenbohnen ernten. Die Ernte fördert die weitere Hülsenbildung, ernte daher nicht zu zaghaft. Auch Kräuter wie Bohnenkraut, Dill und Petersilie werden durch Schnitt zu neuem Wachstum angeregt. Ernte jetzt auch letzte Rote Bete, weiteren Spitzkohl, erste Gurken, Lauch und Möhren. Sobald das Zwiebelgrün verwelkt ist, sind auch deine Zwiebeln erntereif. Kohl, Gurke und Kürbis freuen sich alle vier Wochen über Flüssigdünger im Gießwasser. Behalte Gurken und Kürbis im Blick: Schnell wachsende Ranken sollten nicht auf anderem Gemüse liegen. Leite sie, falls nötig, am Beetrand entlang. Laub, das im Laufe des Sommers Mehltau bekommt, solltest du rechtzeitig entfernen. Im Spätsommer kannst du dein Wintergemüse pflanzen. In Reihe 6 kannst du drei Jungpflanzen Wirsing in die Petersilienreihe setzen. Säe in Reihe 7 Winterrettich zwischen die noch nicht geernteten Lauchstangen. Während das Kartoffellaub nach der Blüte langsam zu welken beginnt, kannst du vier Jungpflanzen

Blumenkohl in die ausgedünnte Möhren- und Zwiebelreihe setzen.

FRÜH- UND VOLLHERBST

In Reihe 1 kannst du den ersten Knollensellerie ernten, wenn er circa zehn Zentimeter im Durchmesser hat. Kleinere Sellerie können weiterwachsen und bei Bedarf auch bis zum Winter im Beet bleiben. Goldenes Herbstwetter und milde Temperaturen sind ideal für die Aussaat deiner frischen Salate. Zwischen den Sellerie kannst du asiatisches Blattgemüse »Grün im Schnee« aussäen. Es ist schnell wachsend, frostbeständig und eignet sich daher gut für deine Winterernte. Nachdem die Stangenbohnen verwelkt sind, schneide sie oberirdisch einfach ab. Sie haben an ihren Wurzeln Stickstoff gesammelt, den andere Kulturen gerne nutzen, deshalb lässt du sie im Boden. Kältere Nächte lassen auch Gurke und Kürbis absterben. Letzte Früchte kannst du an der Pflanze abreifen lassen und anschließend die Pflanzen aus den Reihen nehmen. In Reihe 2 und 3 kannst du nun Feldsalat für die Herbsternte aussäen. In Reihe 4 wird inzwischen der erste Rotkohl erntereif. Den Winterkohlsorten machen kühle Nächte nichts aus, die Köpfe kannst du nach Bedarf ernten. Gleiches gilt für Wirsing und Rettich in Reihe 6 und 7 sowie Blumenkohl in Reihe 9. Nachdem das Laub der

BEPFLANZUNG IM VOLLFRÜHLING UND FRÜSOMMER

Gemüse	Sorte	Bemerkung	Alternative
1 Knollensellerie	'Riese von Prag'	5 Jungpflanzen zukaufen	Stangensellerie, Paprika
2 Stangenbohne + Bohenkraut		kann fortlaufend geerntet werden	
3 Gurke + Dill + Petersilie	Einlegegurke 'Vorgebirgstrauben'	Saatgut kaufen, Direktsaat ins Beet oder 2 Jungpflanzen zukaufen, zwischen die Bete pflanzen je 1 Topf Kräuter kaufen und vor Kopf in die Reihe pflanzen	Aubergine, Tomate
4 Rotkohl	frühe Sorte, z. B. 'Amarant'	kann fortlaufend geerntet werden	
5 Kürbis	'Butternut', 'Crown Prince'	erster Spitzkohl erntereif, kleine Köpfe noch stehen lassen Kürbis als Direktsaat oder 1 Jungpflanze ans Ende der Reihe	Zucchini
6 Petersilie		kann fortlaufend geerntet werden	
7 Lauch	'Giant Winter' oder 'Zermatt'	10 Jungpflanzen zukaufen	Pastinake, Kürbis
8 Kartoffel		anhäufeln	
9 Möhren + Zwiebel + Lorbeer		kann fortlaufend geerntet werden	

Tipp: Durch eine Rotation der Pflanzen kannst du den Beetplan im Folgejahr wieder verwenden.

Der erste Rotkohl ist erntereif. Den Winterkohlsorten machen kühle Nächte nichts aus und auch Wirsing und Rettich sind winterfest.

Kartoffeln verwelkt ist, sind diese erntereif. Kartoffeln, die nicht sofort geerntet werden, bleiben im Beet gut verwahrt und bilden eine feste Schale aus, die sie länger lagerfähig macht. Bei anhaltend nasser Witterung solltest du deine Kartoffeln allerdings aus der Erde nehmen, um Fäulnis vorzubeugen. In Reihe 8 kannst du nach der Kartoffelernte noch bis zum Spätherbst Winterportulak für deine Winterernte aussäen.
Im Herbst solltest du deine Herbst- und Winterernte auf Schädlingsbefall kontrollieren: Vor allem Blattläuse bleiben oft unbemerkt und schwächen deine Kulturen (siehe S. 69 und 164).
Dieser Beetplan berücksichtigt eine dreijährige Fruchtfolge. Solltest du ihn im Folgejahr noch mal umsetzten wollen, kannst du ihn einfach rotieren lassen, wie in der Tabelle rechts aufgelistet.

FRUCHTFOLGE

1. Jahr	2. Jahr	3. Jahr
Reihe 1	Reihe 4	Reihe 7
Reihe 2	Reihe 5	Reihe 8
Reihe 3	Reihe 6	Reihe 9
Reihe 4	Reihe 7	Reihe 1
Reihe 5	Reihe 8	Reihe 2
Reihe 6	Reihe 9	Reihe 3
Reihe 7	Reihe 1	Reihe 4
Reihe 8	Reihe 2	Reihe 5
Reihe 9	Reihe 3	Reihe 6

Beetplanung: Asia-Inspiration - raffinierte Pflanzenkulturen ganz leicht

Nicht nur Fans der Asia-Küche kommen bei diesem Beetplan auf ihre Kosten, denn mit Shiso, Erdnuss und Kai-Lan finden vermeintliche Exoten den Weg in dein Beet und präsentieren sich erstaunlich pflegeleicht. Dass sie als Zutaten deiner fernöstlich inspirierten Gerichte keine Weltreise hinter sich haben, macht sie umso liebenswerter!

Wenn der Boden frostfrei und trocken ist, lässt er sich gut bearbeiten. In kühlen Regionen sollten die Pflanzungen mit Vliesen oder einem Frühbeetkasten geschützt werden.

VOR- UND ERSTFRÜHLING

Die Bepflanzung startet im Vorfrühling, sobald der Boden frostfrei und so weit abgetrocknet ist, dass er sich gut bearbeiten lässt. Wer besonders früh startet oder in Lagen gärtnert, in denen kühle Winde oder Nachtfröste noch im späten Frühjahr zu erwarten sind, sollte seine Erstbepflanzung mit einem Frühbeetkasten oder einem Kulturschutznetz schützen. Bereite dein Beet vor markiere neun Reihen mit jeweils 30 Zentimeter Abstand zueinander und lege deine Reihenmarkierungen zurecht.

Im Vorfrühling kannst du bereits mit der Aussaat vieler Kulturen beginnen, die Zuckerschoten sollten jedoch nicht den Weg ins Beet finden, bevor nicht mindestens acht Grad Nachttemperatur herrschen. Du kannst sie jetzt aber schon in kleinen Töpfen vorziehen und vier Wochen später pflanzen. Auch für die Anzucht von Paprika und Chili ist nun Zeit, sie brauchen acht bis zehn Wochen, ehe sie Ende Mai ausgepflanzt werden. Solltest du die Erstbepflanzung »aus einem Guss« machen wollen, starte lieber im Erstfrühling mit Beginn der Forsythienblüte.

So geht's: Säe in Reihe 1 Mizuna und in Reihe 2 die Mischung asiatischer Blattsalate. In Reihe 3 kommen die Zuckerschoten direkt ins Beet oder du pflanzt deine vorgezogenen Erbsen aus. Errichte schon jetzt eine Rankhilfe, damit sie später eine ausreichende Stütze finden können. Reihe 4 und Reihe 6 bleiben noch frei, während in Reihe 5 die Aussaat von Shiso, der auch als Perilla bekannt ist, bereits mit Blüte der Schneeglöckchen beginnen kann. Säe in Reihe 7 die Hälfte deines Radieschen-Saatguts und in Reihe 8 Frühlingszwiebeln. Für die Aussaat in Reihe 9 mische die zweite Hälfte der Radieschensamen mit dem Möhrensaatgut und säe sie zusammen aus. Da die Möhren bis zu vier Wochen für die Keimung brauchen, dienen die schnell keimenden Radieschen als Reihenmarkierung und Erinnerung. Solltest du Saatbänder verwenden, lege sie in dieser Reihe direkt nebeneinander. Die nun leeren Töpfe der Erbsen kannst du zur Voranzucht von Erdnüssen und Edamame nutzen. Auch Koriander und Thaibasilikum können jetzt schon vorgezogen werden.

VOLLFRÜHLING UND FRÜHSOMMER

Im Vollfrühling kannst du die ersten Salate als Babyleaves genießen: In den Reihen von Mizuna, der asiatischen Salatmischung und von Shiso wird blattweise geerntet. Auch Radieschen und erste Frühlingszwiebeln sind nun schon erntereif. Häufele die Zuckerschoten für einen festen Stand an, wenn sie circa zehn Zentimeter hoch gewachsen sind. Jetzt, wo der Boden erwärmt und keine Nachtfröste mehr zu erwarten sind, kannst du Kai-Lan, den chinesischen Brokkoli, in Reihe 6 einsäen. In Reihe 7 lichten sich die Radieschen und du kannst die Erdnüsse dazwischen säen oder deine vorgezogenen Erdnüsse einpflanzen. In einem

BEPFLANZUNG IM VOR- UND ERSTFRÜHLING

Gemüse	Sorten	Bemerkung	Alternative
1 Mizuna	keine Sortenbezeichnung	Saatgut kaufen, Direktsaat ins Beet	Ruccola, Blattsenf
2 Asia-Salate	Sortenmix	Saatgut kaufen, Direktsaat ins Beet	Spinat, Pflücksalat
3 Zuckerschote	'Ambrosia'	Saatgut kaufen, Direktsaat ins Beet	Markerbse, Dicke Bohne
4 bleibt frei			
5 Shiso	keine Sortenbezeichnung	auch Perilla genannt; Saatgut kaufen, Direktsaat ins Beet	Kohlrabi, Pfefferminze (im Topf!)
6 bleibt frei			
7 Radieschen	'Cherry Belle' (rot und rund) **oder** 'Eiszapfen' (weiß und länglich)	Saatgut kaufen, Direktsaat ins Beet	Kresse
8 Frühlingszwiebeln	'Ishikura Long White'	Saatgut kaufen, Direktsaat ins Beet	Steckzwiebeln
9 Möhren + Radieschen	Möhre: frühe Sorte wie 'Pariser Markt' **oder** 'Caracas' Radieschen: Sortenmix oder 'Cherry Belle'	Möhren- und Radieschen- Saatgut kaufen, frühe Möhren-Sorte wählen, späte haben längere Kulturzeit im Frühjahr und Herbst keine Radieschen-Sommersorten anbauen	Rettich 'Red Meat'

der frei gewordenen Töpfe kannst du jetzt zwei Zucchini vorziehen. Sollten beide keimen, pflanze die Stärkere aus.
Im Frühsommer, wenn der Holunder blüht, wird der Mizuna in Reihe 1 abgeerntet. Hier finden die wärmeliebenden Paprika und Chili, Koriander und Thaibasilikum ihren Platz. Wer die Anzucht verpasst hat, kann je eine Pflanze im Topf kaufen. In Reihe 2 wird der Salat abgeerntet. Hier kommen die Edamame jetzt direkt ins Beet oder du pflanzt deine vorgezogenen Sojabohnen aus. In Reihe 3 sind erste Zuckerschoten erntereif. Die Ernte der Hülsen fördert die Bildung neuer Blüten, sei daher nicht zu zaghaft mit dem Pflücken. Säe in Reihe 4 jetzt Pak Choi. In Reihe 5 kann fortlaufend Shiso geerntet werden. Die Zucchini kannst du in Reihe 8 direkt säen oder du pflanzt deine vorgezogene Jungpflanze oder eine gekaufte. In Reihe 9 werden letzte Radieschen und erste Möhren geerntet. Sehr dicht gesäte Möhren werden vereinzelt: Nimm die kleinsten Möhren aus der Reihe, sodass zwischen den verbleibenden ein bis zwei fingerbreit Platz bleibt. Sie haben so bessere Wachstumsbedingungen. Die »entfernten« Minimöhren schmecken samt Grün als Salattopping köstlich!

Fruchtgemüse düngen, regelmäßig gießen, Hülsenfrüchte und Kohlpflanzen ernten – das sind deine Hauptaufgaben in den Sommermonaten.

HOCH- UND SPÄTSOMMER

Im Hochsommer ist es wichtig, die oberste Bodenschicht offen und feinkrümelig zu halten, damit das Gießwasser nicht verdunstet. In Reihe 1 kannst du die Kräuter stängelweise und nicht zu zaghaft ernten, denn der Schnitt regt neues Wachstum an. Paprika und Chili freuen sich alle vier Wochen über Flüssigdünger im Gießwasser. In Reihe 2 werden erste Edamame erntereif. Auch bei ihnen fördert die Ernte weitere Hülsenbildung. Die Erbsen in Reihe 3 welken im Sommer. Schneide sie ab und lasse die Wurzeln im Boden. Hier wurde Stickstoff angelagert, den deine starkzehrenden Gemüse gerne nutzen. In dieser Reihe kannst du nun Weißkohl für den Herbst einsäen oder fünf Jungpflanzen kaufen und einpflanzen. In Reihe 4 wird erster Pak Choi als Babyleave erntereif. Ernte in Reihe 5 letzten Shiso ab und säe Chinakohl ein. Alternativ kannst du fünf Jungpflanzen kaufen und einpflanzen. Den Kai-Lan kannst du sprossweise den Sommer über ernten. Den Erdnusspflanzen verschaffst du wie zuvor den Zuckerschoten durch Anhäufeln einen festen Stand. In Reihe 8 darfst du dich jetzt auf deine Zucchini freuen. Unterstütze auch sie mit Flüssigdünger für Starkzehrer und ernte die Früchte in handlicher Größe von 15 bis 20 Zentimeter. In Reihe 9, in der letzte Frühmöhren Platz machen, kannst du nun Rübchen säen. Bis zur Keimung darf die Zucchini sich hier noch breitmachen. Behalte neben schnell groß werdenden Früchten auch ihr Laub im Blick: Von Mehltau befallene Blätter solltest du entfernen.

FRÜH- UND VOLLHERBST

Im Frühherbst, wenn schwarze Holunderbeeren reif sind, können Paprika und Chili, Koriander und

Thaibasilikum, letzte Edamame und Kai-Lan, Zucchini und Rübchen geerntet werden. Rosetten von Pak Choi, der als Salat zu groß geworden ist, kannst du als Blattgemüse verarbeiten. Achte bei der Ernte darauf, das Herz der Rosette unversehrt zu lassen, dann wächst dein Pak Choi bis in den Winter hinein nach. Nachdem die Edamame in Reihe 2 welken, schneide sie wie zuvor die Erbsen einfach ab. Auch sie haben Stickstoff gesammelt. In dieser Reihe kannst du nun Asia-Salate für die Herbsternte aussäen. Die Kulturen in Reihe 1 kannst du im Vollherbst abernten. Sie vertragen die kälter werdenden Nächte nicht. Noch grüne Paprika und Chili reifen im Haus nach. Wenn du die Möglichkeit hast, deine Paprika- und Chilipflanzen kühl, hell und frostfrei zu überwintern, kannst du sie um circa zwei Drittel zurückschneiden und im Topf bis zum nächsten Sommer verwahren. In Reihe 1 kannst du nun Spinat einsäen, der noch vor Jahresende geerntet wird. Kontrolliere deinen Salat und Kohl in den Reihen 2 bis 5 regelmäßig auf den Befall von Blattläusen und entferne sie,

BEPFLANZUNG IM VOLLFRÜHLING UND FRÜHSOMMER

Gemüse	Sorten	Bemerkung	Alternative
1 Blatt-Koriander Paprika Chili Thaibasilikum	Paprika: 'Julietta' (rote Spitzpaprika), 'Violetta' (violette Blockpaprika), 'Hamik' (gelbe Snack-Paprika) Chili: 'Thai-Chili', 'Habanero' Blatt-Koriander und Thaibasilikum ohne Sortenbezeichnung	Paprika + Chili: je 1 Jungpflanzen kaufen oder Anzucht 8 Wochen vorher beginnen Koriander + Thaibasilikum: je 1 Topf kaufen **oder** Anzucht 4 Wochen vorher beginnen	Fruchtgemüse: Tomate oder Gurke, aber nicht zusammen
2 Edamame	'Envy', 'Green Shell'	Saatgut kaufen, Direktsaat ins Beet **oder** Voranzucht 4 Wochen vorher in Töpfen	2. Satz Zuckerschoten
3 Zuckerschote	'Ambrosia'	wird fortlaufend geerntet	
4 Pak Choi	keine Sortenbezeichnung	Saatgut kaufen, Direktsaat ins Beet	Mangold
5 Shiso		wird fortlaufend geerntet	Kohlrabi, Pfefferminze (im Topf!)
6 Kai-Lan	keine Sortenbezeichnung	Chinesischer Brokkoli; Saatgut kaufen, Direktsaat ins Beet	Sproßbrokkoli, Spitzkohl
7 Erdnuss	keine Sortenbezeichnung	Saatgut kaufen, Direktsaat ins Beet **oder** Voranzucht 4 Wochen vorher in Töpfen	Stangenbohne
8 Zucchini	'Defender' (grün) oder 'Gold Rush' (gelb)	1 Jungpflanzen kaufen **oder** Anzucht 4 Wochen vorher beginnen	Kürbis Hokkaido
9 Möhren + Radieschen		wird fortlaufend geerntet	

Pak Choi, der als Salat zu groß geworden ist, kannst du als Blattgemüse verarbeiten.
Die Wurzeln der abgeernteten Hülsenfrüchte können im Boden verbleiben.

Spinat und Chinakohl vertragen Kälte gut und dürfen bis ins Frühjahr im Beet stehen.
Dieser Beetplan lässt sich in Rotation auch im nächsten Jahr wieder verwenden.

falls nötig, frühzeitig. Weißkohl und Pak Choi solltest du zum Winteranfang abernten, während dein Chinakohl zu Kimchi verarbeitet oder auch erst im nächsten Frühjahr geerntet werden kann. Kai-Lan und Erdnuss werden jetzt ausgegraben. In Reihe 7 und 9 kannst du nun Wintersteckzwiebeln und in Reihe 8 Knoblauch setzen. Achte unbedingt auf die Wahl winterfester Sorten, denn die Ernte wird erst im nächsten Frühjahr erfolgen. Falls die Rüben noch zu dicht stehen, um Zwiebeln dazwischen zu setzen, kannst du die Zwiebelreihe einfach im Abstand von circa zehn Zentimetern daneben anlegen. Beide Kulturen »verstehen sich gut«. Auch dieser Beetplan berücksichtigt eine dreijährige Fruchtfolge. Falls dir die beschriebene Auswahl gefallen hat, kannst du die Beetreihen im Folgejahr rotieren lassen und noch mal säen.

FRUCHTFOLGE

1. Jahr	2. Jahr	3. Jahr
Reihe 1	Reihe 4	Reihe 7
Reihe 2	Reihe 5	Reihe 8
Reihe 3	Reihe 6	Reihe 9
Reihe 4	Reihe 7	Reihe 1
Reihe 5	Reihe 8	Reihe 2
Reihe 6	Reihe 9	Reihe 3
Reihe 7	Reihe 1	Reihe 4
Reihe 8	Reihe 2	Reihe 5
Reihe 9	Reihe 3	Reihe 6

Register

Bildnachweis

Illustrationen:
Bella Illenberger

Fotos:
Adobe Stock: 002-003, 013-2, 015, 016-1, 016-2, 018-1, 020-2, 021, 027-2, 030, 031-1, 031-2, 032-1, 035-2, 040, 043-1, 048-1, 053, 058-1, 059-2, 060-2, 061, 066, 069-1, 069-2, 070, 078, 081-1, 089, 090, 097, 100, 109-2, 115-1, 115-2, 119, 132, 136-1, 141, 142, 144, 145-1, 150, 152, 153-2, 156, 157-1, 158-159, 161-1, 164, 165-2, 166-1, 166-2; **Alamy:** 011-1, 029, 032-3, 042, 059-1, 060-1, 071-1, 071-2, 082-2, 101-2, 107, 110, 113-1, 139, 146, 162-1, 162-2, 162-3, 168-1, 168-2, 169, 173; **Dorothea Baumjohann:** 047; **Flora Press:** 011-2, 044, 052, 057-2, 082-1, 106, 125-1, 127, 160, 163; **GAP Images:** 037, 038-039; **Getty Images:** 075, 126, 129, 140; **iStock:** 016-3, 017, 020-1, 032-2, 084-1, 093-1, 093-2, 102, 114, 117, 123-2, 161-2, 166-3; **Mat Kovacic:** 013-1, 087-2; **Mauritius Images:** 058-2; **meine ernte GmbH (Stefanie Neuhaus):** 004, 005-1, 005-2, 006, 008-009, 012, 014, 018-2, 023, 026, 028, 035-1, 036-1, 036-2, 036-3, 041, 046, 048-2, 057-1, 063, 064, 068, 072, 073, 076, 080, 081-2, 081-3, 083, 084-2, 085, 091, 092, 094, 095, 099, 101-1, 104-1, 104-2, 109-1, 113-2, 118, 120, 122, 123-1, 133, 135, 149, 151, 165-1, 167, 170-171, 192-1, 192-1; **Claudia Rahlmeier:** 087, 088; **Shutterstock:** 022, 027-1, 033, 034, 043-2, 054, 098, 112, 115-3, 125-2, 130, 154, 157-2; **Friedrich Strauss:** 010, 019, 024-025, 049, 051, 082-3, 136-2, 137, 145-2, 147-1, 147-2, 153-1.

GARTENLUST PUR.

ISBN 978-3-8338-8030-8

ISBN 978-3-8338-7783-4

ISBN 978-3-8338-8177-0

ISBN 978-3-8338-7504-5

ISBN 978-3-8338-7484-0

ISBN 978-3-8338-8048-3

Alle hier vorgestellten Bücher sind auch als eBook erhältlich.

GU

Mehr von GU auf **www.gu.de** und **facebook.com/gu.verlag**

QUALITÄTS GU GARANTIE

LIEBE LESERINNEN UND LESER,

wir wollen Ihnen mit diesem Buch Informationen und Anregungen geben, um Ihnen das Leben zu erleichtern oder Sie zu inspirieren, Neues auszuprobieren. Wir achten bei der Erstellung unserer Bücher auf Aktualität und stellen höchste Ansprüche an Inhalt und Gestaltung. Alle Anleitungen und Rezepte werden von unseren Autoren, jeweils Experten auf ihren Gebieten, gewissenhaft erstellt und von unseren Redakteur*innen mit größter Sorgfalt ausgewählt und geprüft.

Haben wir Ihre Erwartungen erfüllt? Sind Sie mit diesem Buch und seinen Inhalten zufrieden? Wir freuen uns auf Ihre Rückmeldung. Und wir freuen uns, wenn Sie diesen Titel weiterempfehlen, in Ihrem Freundeskreis oder bei Ihrem Online-Kauf.

Sollten wir Ihre Erwartungen so gar nicht erfüllt haben, tauschen wir Ihnen Ihr Buch jederzeit gegen ein gleichwertiges zum gleichen oder ähnlichen Thema um.

KONTAKT ZUM LESERSERVICE

GRÄFE UND UNZER VERLAG
Grillparzerstraße 12
81675 München
www.gu.de

GRÄFE UND UNZER
Ein Unternehmen der
GANSKE VERLAGSGRUPPE

IMPRESSUM

© 2023 GRÄFE UND UNZER VERLAG GmbH, Postfach 860366, 81630 München

GU

GU ist eine eingetragene Marke der GRÄFE UND UNZER VERLAG GmbH, www.gu.de

ISBN 978-3-8338-8824-3

1. Auflage 2023

Alle Rechte vorbehalten. Nachdruck, auch auszugsweise, sowie Verbreitung durch Bild, Funk, Fernsehen und Internet, durch fotomechanische Wiedergabe, Tonträger und Datenverarbeitungssysteme jeder Art nur mit schriftlicher Genehmigung des Verlages.

Projektleitung: Fabian Barthel
Lektorat: Dr. Ruthild Kropp
Bildredaktion: Petra Ender und Natascha Klebl (Cover)
Umschlaggestaltung und Layout: ki 36 Editorial Design: Bettina Stickel
Herstellung: Petra Roth
Satz: Anton Walter, Gundelfingen
Reproduktion: Longo AG, Bozen
Druck & Bindung: aprinta GmbH, Wemding

UMWELTHINWEIS

Nachhaltigkeit ist uns sehr wichtig. Der Rohstoff Papier ist in der Buchproduktion hierfür von entscheidender Bedeutung. Daher ist dieses Buch auf PEFC-zertifiziertem Papier gedruckt. PEFC garantiert, dass ökologische, soziale und ökonomische Aspekte in der Verarbeitungskette unabhängig überwacht werden und lückenlos nachvollziehbar sind.

AUTOREN

Natalie Kirchbaumer gründete gemeinsam mit Wanda Ganders die meine ernte GmbH. Auch privat testet sie jeden Gärtnertrend, möchte ein eigenes Hochbeet bauen und das vertikale Gärtnern ausprobieren.

Wanda Ganders gründete gemeinsam mit Natalie Kirchbaumer die meine ernte GmbH. Sie verbringt ihre berufliche und wenige freie Zeit gerne in der Natur und liebt es, ihr Essen selbst anzubauen und damit in der Küche täglich neue Leckereien zu zaubern.

Co-Autoren:
Birgit Brüggemann-Niemann, Daniela Haferkorn

WICHTIGER HINWEIS

Die Methoden und Anregungen in diesem Buch stellen die Erfahrung der Verfasserin dar. Sie wurden von der Autorin nach bestem Wissen erstellt und mit größtmöglicher Sorgfalt geprüft. Weder Autorin noch Verlag können jedoch für eventuelle Nachteile oder Schäden, die aus den im Buch gegebenen praktischen Hinweisen resultieren, eine Haftung übernehmen.